kinoko.

kinoko.

好きな服だけで、おしゃれにみせる

kinoko.

ポプラ社

はじめまして!

kinoko.（きのこ）と申します。ファッションインスタグラマーやモデルとして活動しながら、アパレルグッズのプロデュースなどを手がけています。

２０１８年からは、YouTubeチャンネル「kinokoさん」をスタート。ドメブラ（国内ブランド）や古着など、カジュアルかつメンズライクやトラッドといった日常的に取り入れやすいアイテムを中心に、コーディネートや着まわしの提案など、洋服に関するさまざまな動画をあげています。

２０２０年10月には、アパレルブランド「Omat Unelma:（オマットウネルマ）」を立ち上げました。

そんな私ですが、じつはもともと、おしゃれにはまったく興味がありませんでした。学生時代の私は、ネガティブで、人が怖くて、すぐに自分を他人と比べてしまい、自己肯定感が低く、とにかく自分のことが大嫌いな人間だったのです。

でも、あることがきっかけで、ファッションに興味を持ち、人生が１８０度変わりました。視野が広がり、ちょっとポジティブになれて自己肯定感が上がったのです。おしゃれをすると、見た目だけではなく、内面も変わることができると思います。私自身、人付き合いが苦手だったのに、誰かと何かをする喜びを感じるようになり、自分を表現することがどんどん楽しくなってきました。

この本は、おすすめのアイテム、コーディネートや着まわし方など洋服にまつわる話が中心ではありますが、おしゃれを通じて私の人生が変わった理由やマインドもお伝えしています。本を読んでくださった方が、ちょっとでも自分のことが好きになれるよう、お手伝いができたら嬉しいです。

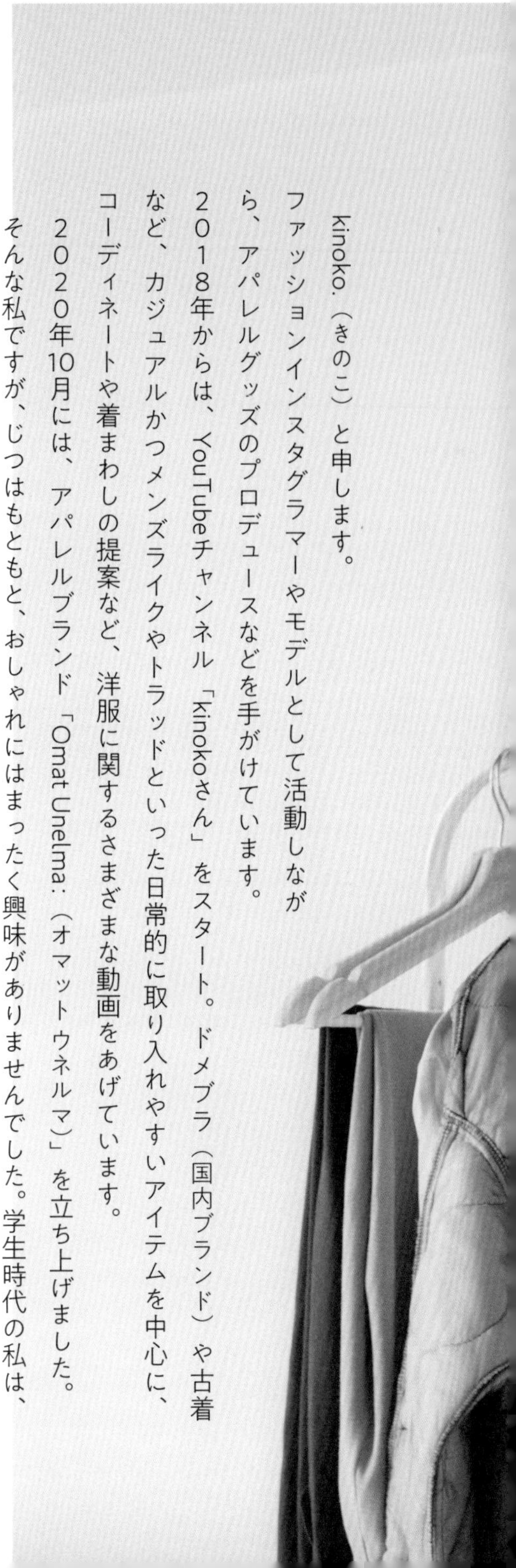

シャツ（nest Robe）、オーバーオール（OUTIL）

おしゃれは魔法

自分に
自信が持てない……

見た目を気にして、
いつも下を
向いてしまう

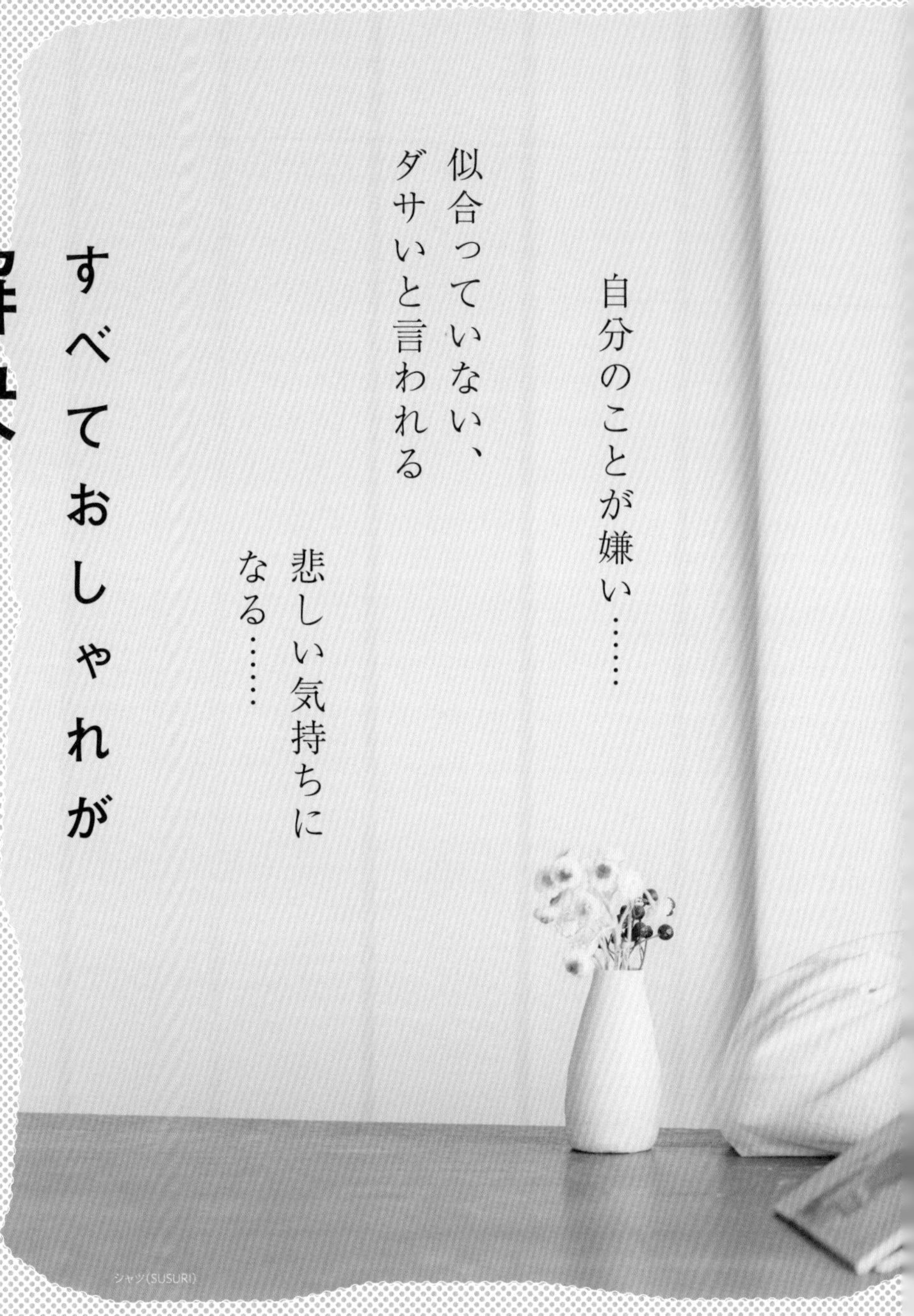

自分のことが嫌い……

似合っていない、
ダサいと言われる

悲しい気持ちに
なる……

すべておしゃれが
解決してくれます！

シャツ(SUSURI)

好きな洋服を着ている自分は、一番輝いている！

ニョキっと登場、kinoko.でございます！

おしゃれになるためには自分を知ることから

どんな洋服が好きなんだろう。
どんなメイクが似合うんだろう。
どんな髪型がしっくりくるんだろう。
自分のことを知るために、
じっくり向き合ってみませんか?

メンテナンスして素の自分をきれいに保つ

つやのある髪、きれいな素肌、健康的な体は
おしゃれを楽しむためにとても大切です。
まずは基礎を整えましょう。

誰に何を言われても自分の「好き」を大切にする

「そんなの似合わないよ」

「その年齢でその服を着ているの?」など
心ない言葉に傷つくことがあります。

好きな洋服を着ている自分に自信を持ってください。

自分を好きになるきっかけになります。

ファッションは自由!失敗を恐れず挑戦する

この洋服は似合わないかも……。
そんなふうに自分でブレーキをかけず、
気になったら、とことん挑戦してみてください。
新しい世界を知ることで視野が広がり、
おしゃれがより一層、楽しくなります。

ガーディガン(Le Tricoteur)

1 365日おしゃれになる着こなし方

春・夏に使える定番アイテム

spring & summer

秋・冬に使える定番アイテム

autumn & winter

1年中使えるアイテム

おしゃれになる小物使い

contents

1

365日おしゃれになる着こなし方

洋服のコーディネートの考え方や、後悔しない買い物をするためのコツ、季節ごとに使えるアイテムや1週間のコーディネートなど、この章ではkinoko.流のおしゃれ術をご紹介します。

「こうなりたい」という憧れを持って、新しいファッションの世界に飛び込むことは素敵です。でも、いくら好みの洋服でも、実際に着てみるとイメージと違うことってありますよね。骨格や肌の色は人によって違うので、雑誌などで見たコーディネートを真似しても100パーセント再現するのは難しいと思います。だから、もし私のコーディネートを見て、「いいな」と思ってくださったら、全部真似するのではなく、魅力的だと思う部分を選んで、自分らしくコーディネートに取り入れてみてください。おしゃれの基準は人によって違うと思いますが、少しでもみなさんの参考になれば嬉しいです。

カーディガン(Le Tricoteur)、靴(HARUTA)

POINT

kinoko.の自分に似合うコーディネート術

1 メインの洋服を決める

トップスでもボトムスでも何でもいいので、主役になるアイテムを決めます。時間をかけると、迷いが出るので「今日はこれを着たい!」と、直感を信じて選ぶのがポイントです。

2 シルエットはメリハリをつける

トップスとボトムス、どちらかがオーバーサイズなら、一方は細めに。このメリハリが体のシルエットをきれいに見せてくれます。また、手首、足首、首元のどこかを出すと着やせ効果もあります。

3 柄を取り入れるときは、他はシンプルに

柄物はコーディネートに入れるのが難しいと感じる方が多いかもしれませんが、シンプルなアイテムを合わせれば簡単にまとまります。柄物を主役にするとコーディネートが決まりやすいので、意外と便利です。

4 コーディネートは毎日撮影

洋服を着たら鏡に向かって全身をスマホで撮影します。たまに過去の画像を見返すと自分のコーディネートの傾向を知ることができ、スタイリングに悩んだときのヒントになります。

5 色あわせのポイント

全体に使用する色は3色以内にするとコーディネートがまとまりやすいです。白、ベージュなど同系色の場合は3色以上でも統一感が出るので、一つのトーンでまとめるのもありです。複数の色が入った洋服を着るときは、他のアイテムの色はその中から選びます。たとえば、トップスに赤、黄色、黒、青、緑が使われていたら、その中で使われている青をボトムスにするなど。

個人的に、一番取り入れやすい色は、ネイビーとベージュだと思います。何にでも合わせやすく、年齢や性別問わず着やすいのではないでしょうか。

差し色と聞くと、強いアクセントカラーだと考えてしまいそうですが、じつはそんなことはありません。くすみピンクやレモンイエローといった少し淡い色のカラーアイテムから入ると、コーディネートも奇抜になりにくいです。

靴下は明るい色を選んでアクセントにしても。特に赤の靴下は茶や黒など、濃い色のサンダルや革靴とも相性が良く、カジュアルな要素に上品さをプラスしてくれます。暗い色のスニーカーなら、黄色やオレンジなどの暖色系もおすすめです。パンプスには、薄い青や黄色など少し透明感のあるさわやかカラーを選ぶと、きれいめな印象になります。

カメラのレンズを
下向きにして撮ると
体のシルエットが
きれいに映ります

色あわせについて

私が見つけた色あわせの法則を簡単にご紹介します。
同じ色でも濃度や素材によってイメージが変わりますが、基本の色を決めると
コーディネートが考えやすくなるので参考にしてみてください。

青系
ネイビー、インディゴ、サックスブルーなど

×

同系色（ネイビー、インディゴなど）、オフホワイト、くすみカラー（ベージュ、ピンク）

青系同士でまとめるとワークテイスト、カジュアルだけでなく、素材によってはオフィスカジュアルにも。オフホワイト、ベージュやピンクのくすみカラーは柔らかく、上品な印象になります。

アイテム例
・ネイビーと白のストライプシャツ×デニムのストレートパンツ
・ネイビーのワークジャケット×オフホワイトのワークパンツ
・サックスブルーのブラウス×ベージュのパンツ

緑系
緑、カーキ、黄色など

×

同系色（カーキなど）、黒、ベージュ、ブラウン、アイボリー

同系色はまとまりやすいです。引き締め効果がある黒はモードやレトロ寄り。ベージュやブラウンはトラッドでメンズライク要素が少し強くなります。アイボリーはやさしい印象に。

アイテム例
・緑のカットソー×アイボリーのスラックス
・緑のワンピース×ベージュのパンツ
・黒のトップス×緑系のスカート
・カーキのシャツ×カーキのミリタリーパンツ
・黄色のシャツ×ブラウンのパンツ

赤系
赤、オレンジ、ピンク

×

ネイビー、黒、アイボリー、ベージュ、ブラウン

合わせる色みを濃くすることで体が引き締まり、品が良く見えます。柔らかな色を合わせるとナチュラルな印象に。ブラウンはトラッドな雰囲気にもなります。

アイテム例
・赤の水玉ブラウス×黒のロングスカート
・赤のニット×ブラウンのウールパンツ
・オレンジのTシャツ×アイボリーのスリットデニムスカート
・ピンクのシアーシャツ×ネイビーのウールオーバーオール
・ピンクのブラウス×ベージュのパンツ

シャツ（nest Robe）、オーバーオール（OUTIL）

spring&summer

春・夏に使える定番アイテム

ボーダーカットソー

フレンチ、マリン、カジュアル、メンズライク……どんなテイストのコーディネートも実現できる優れもの。色により印象が変わりますが、ここでは大人っぽい雰囲気のネイビー×白を選択。

春はねむい…

ボーダーと同色のジャケットと、ハイウエストのデニムパンツを合わせた大人カジュアルコーディネート。

ネイビー×白のボーダーはかっちり感が出るので、ゆったりした古着のシャツワンピでやさしい印象に。

カットソー（無印良品）右_ジャケット・ベレー帽（ともにOmat Unelma:）、パンツ（MACKINTOSH PHILOSOPHY）、靴（niko and...）、左_シャツワンピース・ベレー帽（ともにUSED）、パンツ（無印良品）

性別や年齢問わず、春と夏に着まわしやすいおすすめのアイテムをご紹介します。ぜひ毎日のコーディネートの参考にしてみてください。

白シャツ

春と夏だけでなく、1年中着ることができて、どんな系統のコーディネートにも合わせられる最強アイテム。なかでも、バンドカラーのシャツは、カジュアルにもシックにも使える黄金の1枚。

Vネックの襟元や裾にラインがあしらわれた「チルデンニット」のベストでトラッドスタイルに。

ワンピースを重ね着した甘カジコーディネート。体のラインを隠すため同系色のパンツを。

シャツ(COMOLI) 右_ニットベスト(GU)、パンツ(DANTON)、靴(HARUTA)、ベレー帽(USED) 左_ワンピース(Gymphlex)、パンツ(niko and...)、靴(HARUTA)、ベレー帽(USED)

デニムジャケット

重ね着に便利なジャケット。デニム素材はかっちりしすぎず、ほどよく上品に決まります。

インナーで
雰囲気が
変わります

デニムのパンツを合わせてセットアップに。ボーダーをちら見せしたフレンチカジュアル。

シャツは首元がすっきり見えるオープンカラー。スカーフを巻いてこなれ感を。

ジャケット(Handwerker)上_シャツ(DANTON) 右_カットソー(OUTIL)、パンツ(Handwerker)、バッグ(USED) 左_シャツ(KBF)、パンツ(YAECA)、スカーフ(USED)、靴(G.H.BASS)

ステンカラーコート

カジュアルからシックまでどんなスタイルにも活躍。少し大きめのサイズを選ぶとコーディネートの幅が広がります。

黒のタートルネックニットとチェックのプリーツスカートで、クラシックスタイルに。

コートは大きめのサイズにすればジャケットを重ね着しても余裕。インナーの赤いボーダーがアクセント。

コート(LENO) 左_シャツ(COMOLI)、パンツ(MORRIS & SONS)、靴(HARUTA) 右上_タートルネックニット(ユニクロ)、スカート(USED)、靴(HARUTA)、バッグ(N25) 右下_ジャケット・カットソー(ともにLENO)、パンツ(THE HINOKI)、靴(ORSOO)、ベレー帽(USED)、バッグ(Creed)

ライナージャケット

軍用アウターの裏地に使われていた
ライナージャケットは、古着や
ミリタリーの初心者にもおすすめ。

きれいめなスラックスをはいて上品に。黒とカーキの色あわせは、大人っぽくまとまります。

古着Tシャツとデニムパンツ。ライナージャケットはシンプルな服をかわいくみせます。

ライナージャケット(USED)上_シャツ(COMOLI)、パンツ(YAECA)、靴(HARUTA) 右_タートルネック(ユニクロ)、パンツ(Omat Unelma:)、靴(HARUTA) 左_Tシャツ(USED)、パンツ(THE HINOKI)、ベルト(N25)、靴(Keds)

半袖シャツ

1枚でも、重ね着でも使える、透け感のある半袖オープンカラーシャツ。首元がすっきりしてエレガントに。

ハイウエストのデニムパンツを合わせ、シャツをインしてすっきりと。ベレー帽で上品に。

オーバーオールにTシャツだとカジュアルすぎるけど、シャツならちょうどいい塩梅。

シャツ（KBF） 右_パンツ・ベレー帽（ともにUSED）、ベルト（N25）、靴（Keds）
左_オーバーオール（OUTIL）、腕時計（Hender Scheme）、スニーカー（VANS）

ニットポロシャツ

デニムなどカジュアルなアイテムと合わせても、上品に仕上がるニットポロシャツ。少しオーバーサイズがおすすめです。

デニムにニットポロシャツをインしてコンパクトに。首元にスカーフを巻いて個性をプラス。

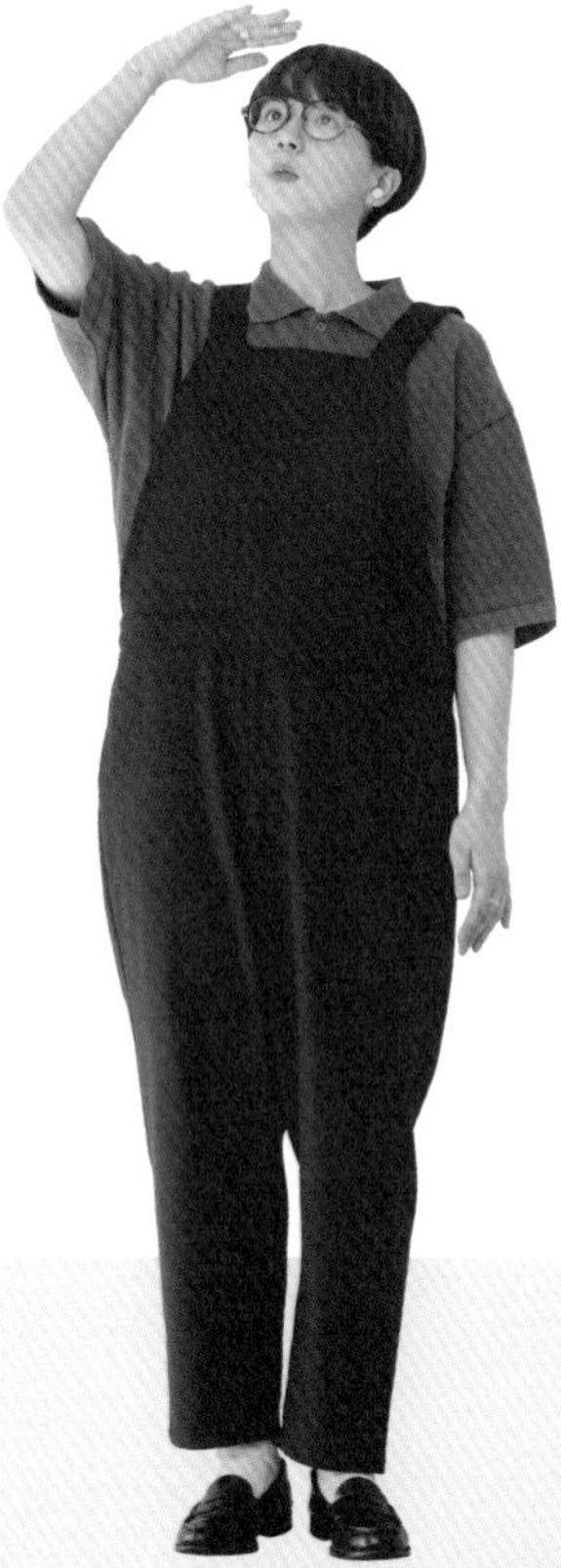

ウール素材のオーバーオールを合わせたカジュアルコーディネート。全体的に柔らかい印象に。

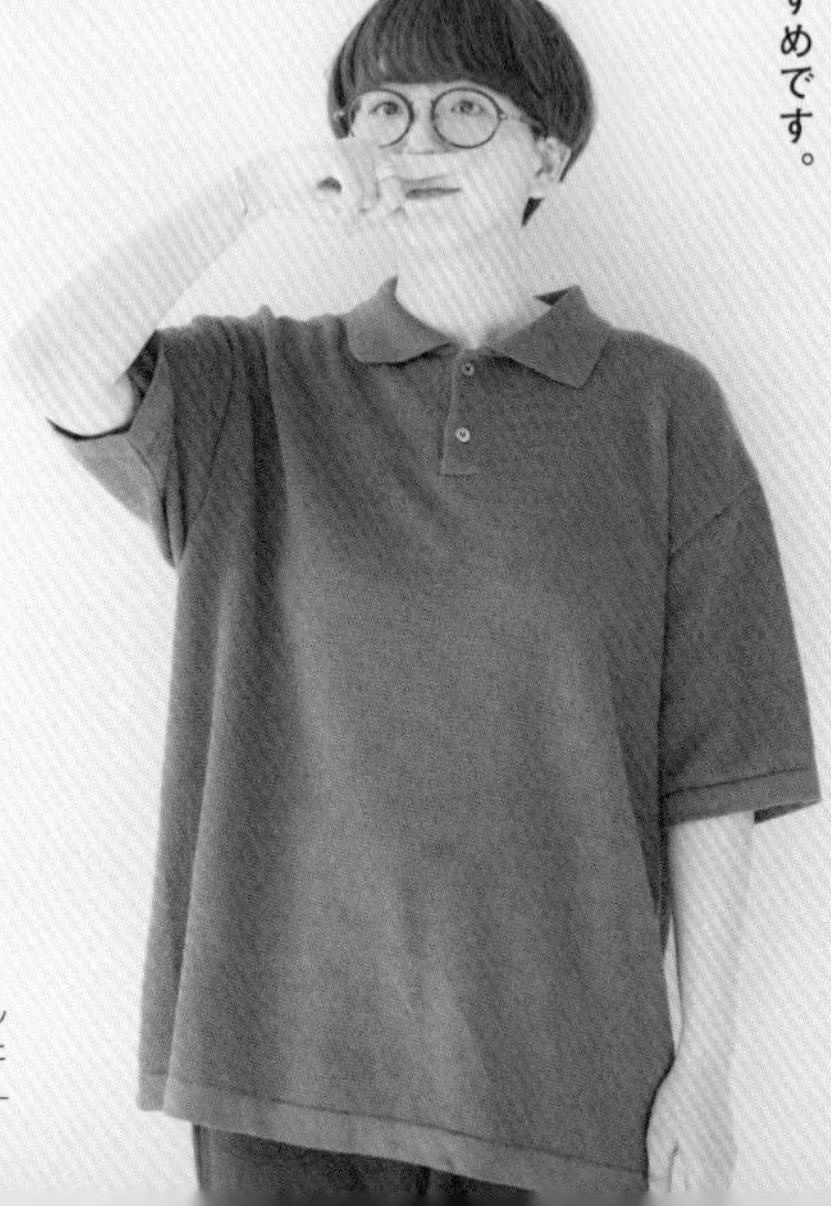

ニットポロシャツ(BATONER) 右上_パンツ(Handwerker)、スカーフ・ベレー帽(ともにUSED)、ベルト(N25)、靴(HARUTA) 左上_オーバーオール(DANTON)、靴(HARUTA)

白いパンツ

春、夏に着たくなる白いボトムス。
ボリュームのある「サーカスパンツ」は
着るだけで、コーディネートの主役に。

パンツ(HARVESTY) 左_ニット(USED)、靴(HARUTA) 右上_Tシャツ(DANTON)、ベルト(N25)、スニーカー(VANS)、腕時計(Hender Scheme)、リュック(無印良品) 右下_シャツ(KBF)、バッグ(N25)、靴(HARUTA)、腕時計(MAVEN WATCHES)、ベレー帽(USED)

トップスはボトムスと対照的な細身のTシャツを。メリハリのあるかわいいシルエットに。

ゆったりしたシャツであえてオーバーサイズ同士に。靴とバッグで大人っぽくまとめました。

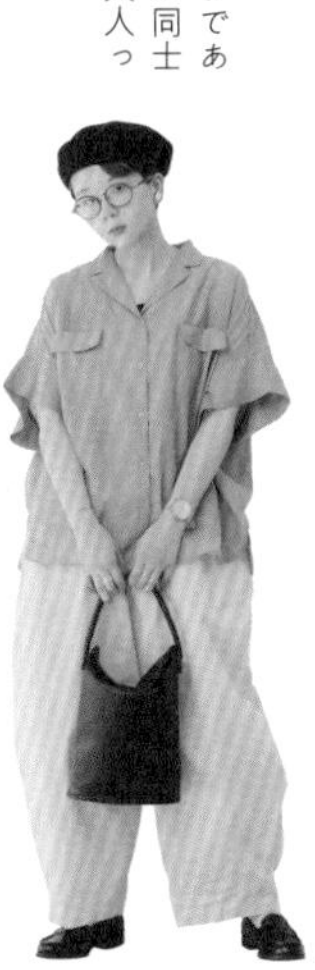

spring

春の7日間コーディネート

春といっても、気温はまだ不安定な時期。ベーシックなスプリングコートや、薄手のジャケットを羽織ることが多いです。トップスは春らしい色みをチョイスして気分を上げていきましょう。

monday

1

ベージュのワントーンでトラッド×ワークスタイル

トレンチコートと同色のパンツを合わせて統一感を出し、ちょっぴりマニッシュな雰囲気でまとめました。ベージュ×ベージュの色あわせは、きれいめなコーディネートにおすすめです。インナーはシンプルな白シャツにし、足元のローファーと、レザーバッグの黒で全体を引き締めます。カジュアルすぎないので、お出かけにはもちろん、仕事にも行けるスタイルです。

1_コート(LENO)、シャツ(DANTON)、パンツ(Omat Unelma:)、靴(HARUTA)、バッグ(N25)

tuesday

2

レザー小物で カジュアルさ軽減！

黒のスカートで甘さをおさえて。トレンチコートと合わせて、クラシックな雰囲気にまとめました。

3

ボーダー×白パンツで マリンスタイル

wednesday

ボーダーと白のパンツでさわやかなマリンスタイル。濃い色のニットベストで引き締め、小物を黒で統一して大人っぽく。

2_コート・シャツ（ともにOmat Unelma:)、スカート（Chaco closet）、バッグ（N25）、バングル（MAISON BOINET）、靴（HARUTA） 3_カットソー（OUTIL）、ベスト（Omat Unelma:)、パンツ（nico and...）、バッグ（N25）、靴（HARUTA）

4

かっちり&かわいいデニムのセットアップ

デニムのセットアップは、あえて上下を少しオーバーサイズ気味にすると、シルエットがかわいい。白シャツを合わせて、さわやかに。

thursday

friday

5

ワンポイントカラーでちょこっと自己主張

デニムのセットアップ風コーディネートに黄色のシャツを合わせて。明るい色を取り入れたいけど、ちょっと勇気がいるという方におすすめ。

4_シャツ(DANTON)、ジャケット・パンツ(ともにHandwerker)、靴(ORSOO) 5_ジャケット(LENO)、シャツ(SUSURI)、オーバーオール(OUTIL)、靴(HARUTA)

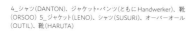

6

メンズライクなオールインワンに、パンプスで甘さをプラス

カジュアルなボーダーに、きれいめなオールインワンを。色みをそろえるとまとまります。

saturday

7

ウール素材のオーバーオールで楽チン＆シック

決まりすぎず
こなれ感が◎

sunday

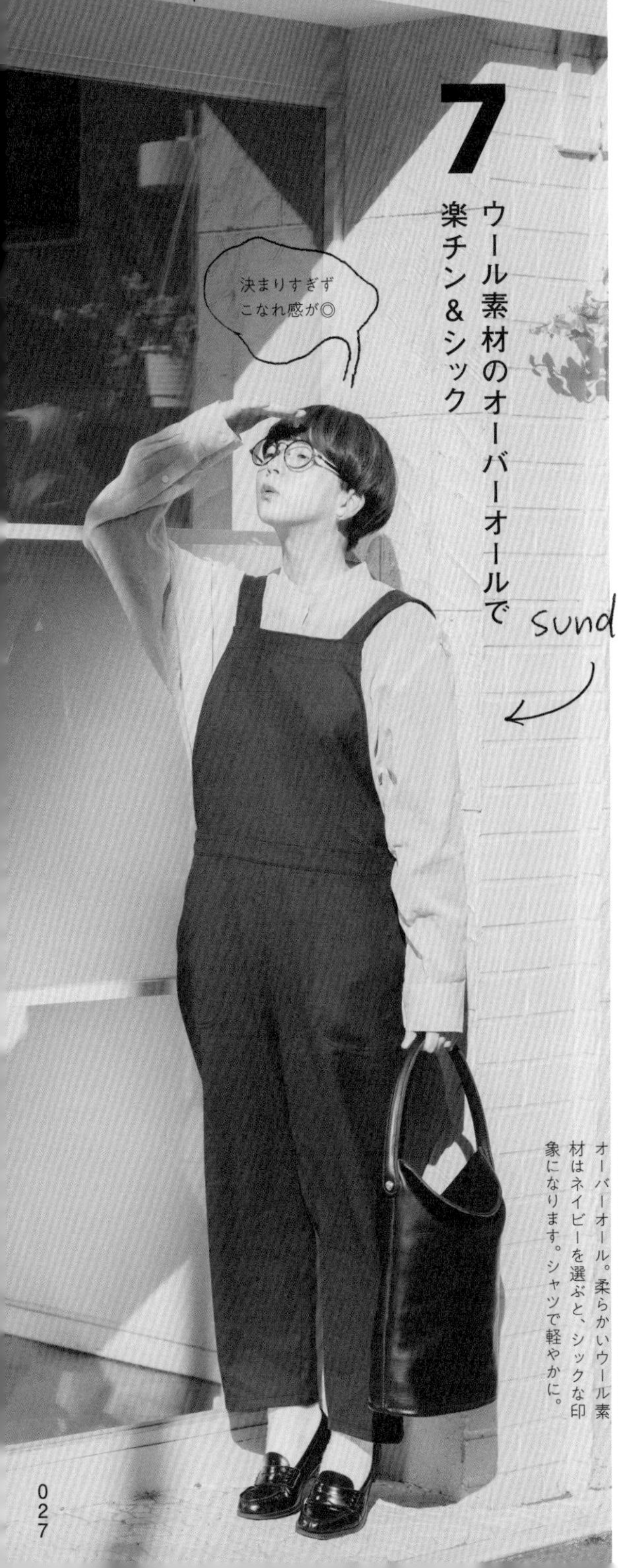

楽チンだけど、カジュアル感が強いオーバーオール。柔らかいウール素材はネイビーを選ぶと、シックな印象になります。シャツで軽やかに。

6_カットソー（無印良品）、オールインワン（Omat Unelma:）、靴（niko and...）、バッグ（N25）、ベレー帽（USED） 7_シャツ（ユニクロ）、オーバーオール（DANTON）、靴（HARUTA）、バッグ（N25）

summer

夏は必然的に着るアイテムが少なくなるから、トップスとボトムスのバランスや一つ一つの存在感が大切になってきます。シンプルだけど、おしゃれに見えるコーディネートを目指して。

夏の7日間コーディネート

1 柔らかい素材で上品&ガーリー

monday

オーバーオールは、デニムが多いですが、あえて夏でもウール素材をチョイス。柔らかい質感とすっきりしたシルエットで、子どもっぽくならず、上品なスタイルに。トップスは袖口がふんわり丸みを帯びたデザインの白いブラウスを合わせ、ガーリーなコーディネートに仕上げました。靴とバッグは黒のレザーで統一。全体を引き締め、甘すぎない印象に。

2

オープンカラーシャツですっきり見せる

首元がすっきりするオープンカラーシャツは夏におすすめのアイテム。存在感のあるくすみピンクを選び、ネイビーのパンツで引き締めます。

wednesday

青×白の夏らしいさわやかな色みで清涼感を。少しタイトなポロシャツに、ダボッとしたパンツを合わせ、シルエットにメリハリをつけると、決まります。

3

メリハリのあるシルエットがポイント

tuesday

1_シャツ(オオカミとフクロウ)、オーバーオール(DANTON)、靴(HARUTA)、バッグ(N25) 2_シャツ(KBF)、パンツ(USED)、靴(HARUTA) 3_ポロシャツ(DANTON)、パンツ(HARVESTY)、ベルト(N25)、靴(Keds)、ベレー帽(USED)

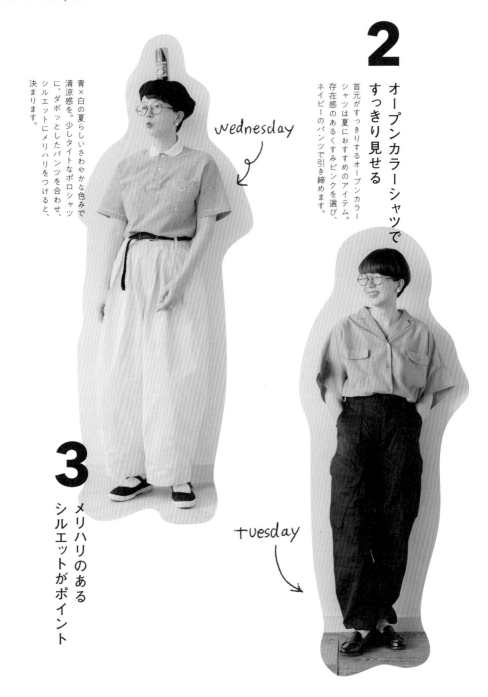

4

メンズライクな2色の組み合わせ

肌を見せたくない方は長袖だけど透け感がある素材を。オーバーサイズの白の古着シャツにネイビーのベストとパンツを合わせ、全体を2色で統一。

thursday

friday

5

チェックのロングスカートで楽チンスタイル

同系色のプリーツスカートとポロシャツを合わせた楽チンコーディネートです。ポロシャツはニット素材を選ぶと柔らかい印象に。

4_シャツ・ベレー帽(ともにUSED)、ベスト(niko and...)、パンツ(DANTON)、靴(Keds) 5_ポロシャツ(LENO)、スカート・ベルト(ともにUSED)、靴(ORSOO)

saturday

6 シルエット重視のシンプルコーデ

白シャツとデニムというシンプルな組み合わせですが、どちらも少し丸みを帯びた、個性のある形をチョイス。麻のエコバッグを合わせて涼しげに。

革小物でラフさをおさえて

7 Tシャツのデザインが主役に！

sunday

夏のコーディネートに差をつけるなら、Tシャツ選びは重要です。オーバーサイズのグラフィックTシャツに、古着のボトムスを合わせたメンズライクなスタイル。

6_シャツ（オオカミとフクロウ）、パンツ（Handwerker）、靴（Keds）、バッグ（USED） 7_Tシャツ（ユニクロ）、パンツ・ベレー帽（ともにUSED）、バッグ（N25）、靴（HARUTA）

POINT

kinoko.の後悔しない洋服の買い方

1 欲しいアイテムを画像でリスト化

SNSなどで気になるものを見つけたら、スクリーンショットを撮ってアイテムの画像をスマホに保存しておきます。欲しいものを明確にしてリストアップすると、本当に必要なものか冷静に判断できます。

2 サイズ表記を念入りにチェック

ネット通販は特に注意。古着は海外のサイズ表記の場合があるので、着丈などの採寸表示も必ずチェックします。SNSなどで自分の体型と近い方の着用画像を探し、シルエットを確認。

3 3パターン以上、着まわしできるか考える

一目惚れもありますが、私が購入を決める基準は、手持ちの洋服と組み合わせて3パターン以上コーディネートが思い浮かぶかどうか。せっかく買ったのに使えなかったという失敗を事前に防止できます。

4 自分が持っている洋服を知る

私は洋服を購入したら写真を撮り、アイテムごとにフォルダ分けして洋服アルバムを作っています。自分が何をどのくらい持っているか把握すると、無駄な買い物を防ぐことができます。

5 試着室の外に出て確認する

お店では試着室から必ず出て、鏡から少し離れて全体を見たほうが、イメージがわきやすいです。可能なら太陽光が入る入口と店内照明の両方で色みを確認すると安心です。

6 好きなデザインの素材違いを購入する

使えると思うと、つい同じ洋服を何枚も欲しくなりますが、同じものを買っても着ない服が増えるだけ。おすすめは素材を変えること。同じデザインでも素材が違うと印象が変わり、使い分けできます。

autumn & winter

秋・冬に使える定番アイテム

ニットやアウター、ボトムスなど重ね着が楽しい秋冬に活躍するアイテムをご紹介します。同じ形でも素材の選び方で、雰囲気が変わります。

チェックシャツ

チェック柄のシャツは、柄もののアイテムの中でもコーディネートに取り入れやすいアイテム。1枚選ぶなら、まずは定番のギンガムチェックがおすすめ。

白いニットとネイビーのパンツのコーディネートに、ちらりと見えるチェックがポイント。

チェックと同じ色の黒いオーバーオールを。カジュアルすぎないよう靴はローファーで締めて。

シャツ(DANTON) 右_ニット(USED)、パンツ(MORRIS & SONS) 左_オーバーオール(DANTON)、靴(HARUTA)

コーデュロイ オーバーオール

温かみのあるコーデュロイは、秋冬にもってこいの素材。オーバーオールは子どもっぽく見えるから苦手という方でも、上品な印象になるのでぜひチャレンジしてみてください。

チェックのテーラードジャケットを羽織った、おじさん風コーディネート。レザーのバッグと靴でシックに。

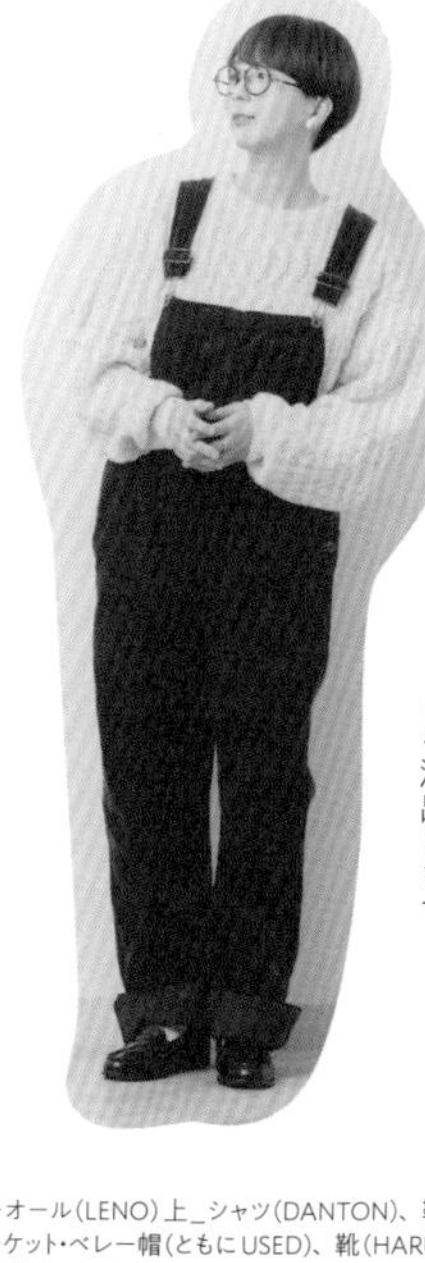

ゆったりしたサイズ感のオーバーオールは下にニットを着ても余裕。ほっこりしたかわいらしさを演出します。

オーバーオール（LENO）上_シャツ（DANTON）、靴（HARUTA） 右_シャツ（ユニクロ）、ジャケット・ベレー帽（ともにUSED）、靴（HARUTA）、バッグ（Creed） 左_ニット（USED）、靴（HARUTA）

薄手のニット

1枚で着られるウール混ニット。暑すぎず、寒すぎず、洋服に迷う季節の変わり目に重宝します。

ウールのカーディガンを羽織って。質感が違うニットの重ね着は意外とまとまりやすいです。

ボリュームのある白パンツを合わせて、ゆったりと。おうち時間にもおすすめです。

ニット(Omat Unelma:) 右_カーディガン(Le Tricoteur)、パンツ(Omat Unelma:)、靴(ORSOO)、ベレー帽(USED) 左_パンツ(niko and...)、靴(ORSOO) autumn / winter

薄手のコート

本格的に寒くなる前に活躍する１枚。控えめなチェック柄は合わせやすく、張りのある生地で大人っぽい印象に。

コートと同じ柄のジャケットを合わせたレイヤードスタイル。黒いボトムスで引き締めます。

ボトムスは古着のパンツ。全体のシックな色あいにタートルニットの鮮やかな赤が目を引きます。

コート（MACKINTOSH PHILOSOPHY） 右_タートルニット（ユニクロ）、パンツ（Omat Unelma:）、靴（HARUTA） 左 上_シャツ（DANTON）、ジャケット（MACKINTOSH PHILOSOPHY）、パンツ（MORRIS & SONS）、靴（HARUTA） 左下_タートルニット（MORRIS & SONS）、パンツ（USED）、靴（ORSOO）

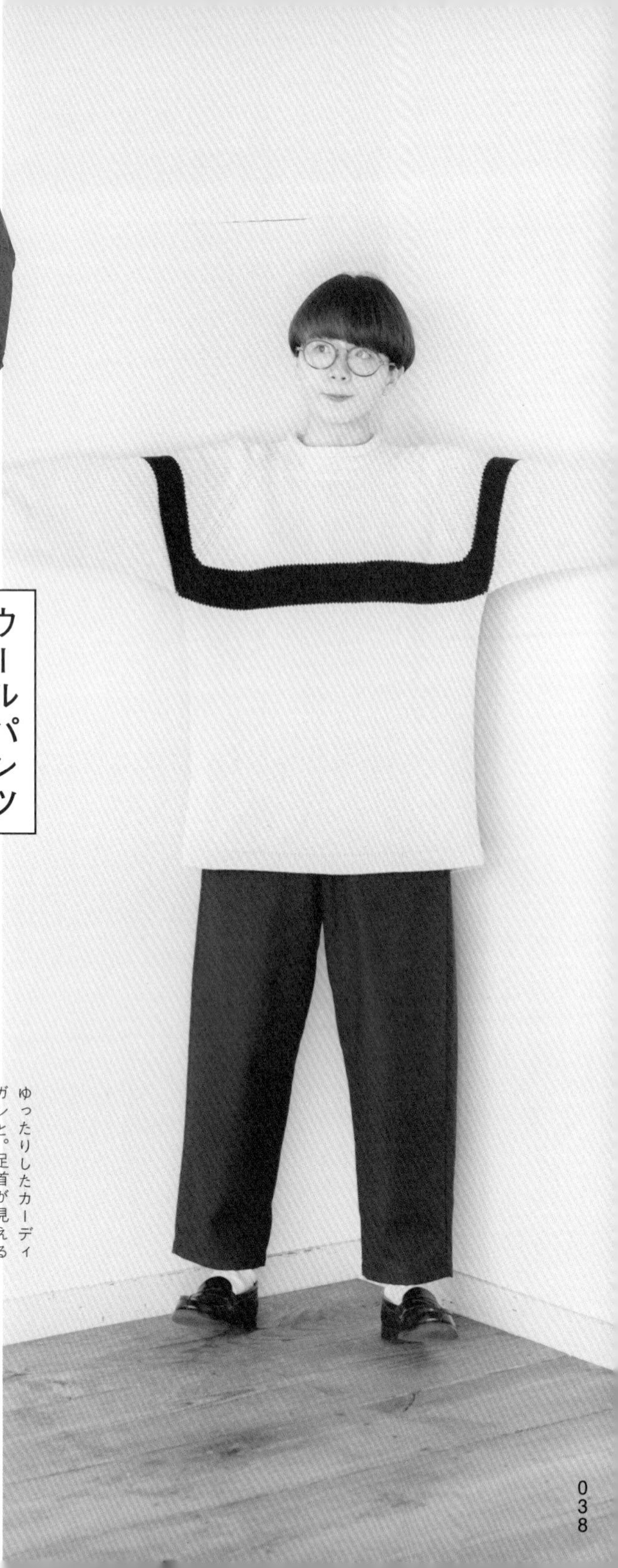

ウールパンツ

ウール素材のパンツは、ニットやスウェットなどカジュアルなトップスを合わせても、品よく見せてくれるのが良いところです。

やや細身のパンツに、オーバーサイズのニットでメリハリを。ベレー帽と靴は黒で統一。

ゆったりしたカーディガンと。足首が見えるパンツの丈感が、すっきり見せてくれます。

パンツ（DANTON） 右_ニット（USED）、靴（HARUTA） 左上_シャツ（DANTON）、ニット（Le Tricoteur）、靴（HARUTA）、ベレー帽（USED） 左下_シャツ（DANTON）、カーディガン（Le Tricoteur）、靴（HARUTA）

チェックのプリーツスカート

トラッドスタイルの定番、チェックのスカートは1枚あると重宝します。ボリュームを抑えたロング丈は大人っぽく着られて、存在感大。

同系色のスカートとジャケットでシックにまとめ、インナーは薄手の素材で軽やかに。

トップスをインせずに着るとゆったりとした雰囲気に変わります。ニットは茶系と相性が良いネイビーを。

スカート(USED)、左_シャツ(USED)、靴(ORSOO) 右上_カットソー(ユニクロ)、ジャケット(Omat Unelma:)、靴(niko and...)、バッグ(Creed) 右下_ニット(Omat Unelma:)、靴(niko and...)、バッグ(N25)

厚手のニット

オーバーサイズのウールニット。
ボーダーは、存在感があるので
1枚で着ても、
コーディネートの主役になります。

フリースのオーバーオールを。あえてオーバーサイズ同士にし、かわいいモコモコスタイルの完成。

シンプルなウールパンツを合わせることで、ボーダーを主張。アクセントに赤いスニーカーを選択。

ニット（Le Tricoteur）右上_オーバーオール（BEAMS BOY）、靴（HARUTA）左上_パンツ（DANTON）、スニーカー（VANS）

autumn / winter

厚手のコート

寒い日に頼りになるウールコート。緑を基調とした上品なチェック柄は、レトロ感もあってお気に入り。

コートを主役にしたシンプルなコーディネート。黒のタートルニットで全体を引き締めて。

厚手のウールパンツに、インナーは着やせするようシャツ1枚に。コートは風を通さない素材なので防寒は十分。

コート(オールドマンズテーラー) 右_パンツ(MORRIS & SONS)、靴(ORSOO) 左上_タートルニット(ユニクロ)、パンツ(niko and...)、靴(HARUTA)、バッグ(Creed) 左下_シャツ・ベレー帽(ともにUSED)、パンツ(MORRIS & SONS)、靴(HARUTA)

autumn

秋の7日間コーディネート

厚手のアウターやニットを1枚着るよりも、ジャケットやベストを使った重ね着を楽しめるコーディネートが中心です。黒、ブラウン、カーキなど、秋らしいこっくりとした色を選ぶのがポイントです。

monday

1

茶系でまとめた品の良いスタイル

ロング丈のワンピース1枚だとシンプルすぎるので、メンズライクなジャケットを羽織り、引き締めます。上品な印象のトラッドに。

tuesday

2

フィッシングベストをおしゃれに活用

フィッシングベストにフリースのオーバーオールとキャップでカジュアルにまとめました。

3

少しやんちゃなカジュアルスタイル

ミリタリーアウターの定番「MA-1」。くたっとしたシルエットは古着ならではの味。カーキと相性の良い黒でまとめた渋めのコーディネート。

wednesday

1_ワンピース(かぐれ)、ジャケット(MACKINTOSH PHILOSOPHY)、靴(HARUTA) 2_ニット(USED)、ベスト(niko and...)、オーバーオール(BEAMS BOY)、スニーカー(SHOES LIKE POTTERY)、帽子(Columbia) 3_ジャケット(USED)、タートルニット(ユニクロ)、パンツ(THE HINOKI)、スニーカー(SHOES LIKE POTTERY)

4 セットアップできれいめコーデ

スニーカーを
合わせれば
メンズライクに

ジャケットとオールインワンのセットアップ。ワントーンでまとめた、きれいめスタイル。靴はバレエシューズを選び、クラシックな印象に。

thursday

5 モノトーンのマニッシュコーデ

friday

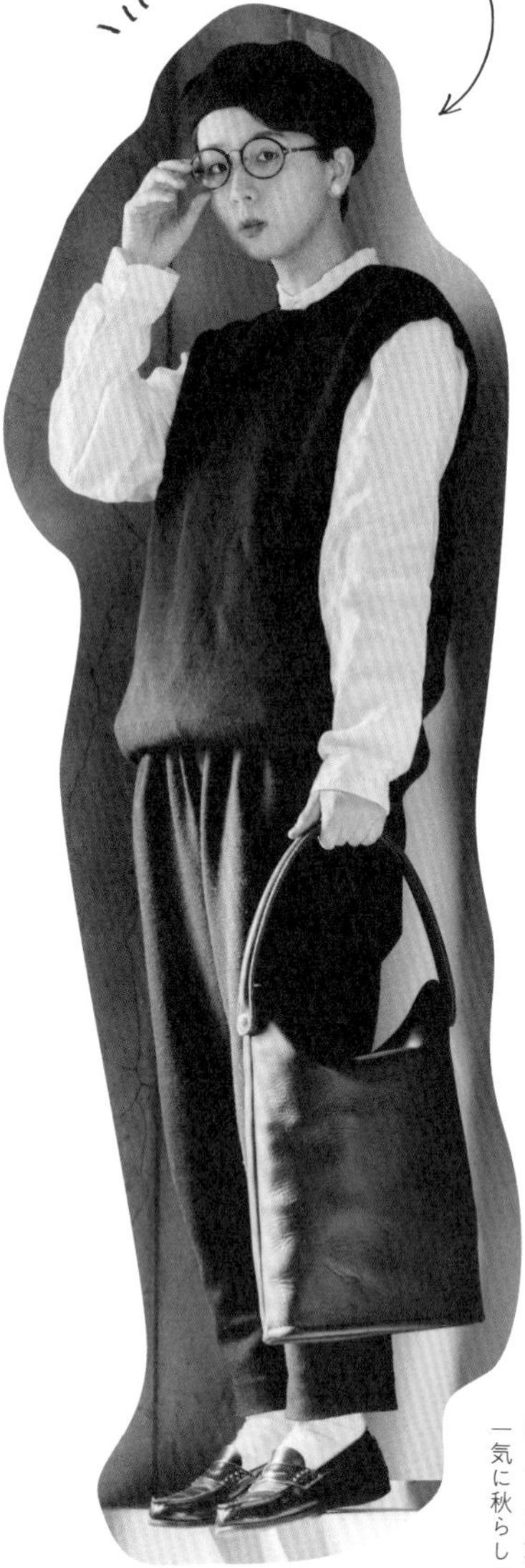

白シャツに薄手のニットベストを重ね着。ベスト、パンツ、ベレー帽、バッグ、靴を黒で統一すれば、一気に秋らしい装いに。

4_カットソー(ユニクロ)、ジャケット・オールインワン(ともにOmat Unelma:)、靴(niko and...)、バングル(MAISON BOINET) 5_シャツ(DANTON)、ベスト(ユニクロ)、パンツ(MORRIS&SONS)、靴(HARUTA)、バッグ(N25)、ベレー帽(USED)

7 赤×ブラウンでシックなマニッシュ

saturday

sunday

6 オーバーサイズのシャツをアウターに

オーバーサイズのロングシャツはちょっと肌寒い日のアウター代わりに便利。コーデュロイ素材はかっちりしすぎず、カジュアルすぎず、ほどよくまとまります。

オーバーオールの中でも、大人っぽく見えるブラウンのコーデュロイを選択。赤いタートルニットと、パンプスを合わせてシックにまとめました。

6_ニット(USED)、パンツ(DANTON)、シャツジャケット(Né-net)、靴(ORSOO) 7_タートルニット(MORRIS & SONS)、オーバーオール(LENO)、靴(ORSOO)

winter

冬はアウターがメインになることが多いので、できるだけ着ぶくれを緩和させるスタイリングを心がけました。素材や色が重くなりがちなので、古着や個性的なアイテムで遊び心をプラス。

冬の7日間コーディネート

monday

1 マニッシュなジャケットが主役

チェック柄ジャケットのボタンを全部しめてコーディネートの主役にしました。黒いボトムスとベレー帽を合わせた、トラッドなスタイルに。

wednesday

2

トラッドなスクールスタイル

チルデンニットにプリーツスカート、チェックのコートを合わせた学生風スタイル。甘くならないよう黒で引き締めます。

tuesday

3

レイヤードを楽しむ古着コーデ

ニットとオールインワンを合わせ、ミリタリーのM-65のアウターとライナージャケットを重ね着。2つのアウターは古着アイテムでまとめて個性を出しました。

1_ジャケット（Barbour）、ニット（Omat Unelma:）、パンツ（MORRIS & SONS）、靴（HARUTA）、ベレー帽（USED） 2_タートルニット（ユニクロ）、ニット（merlot）、コート（MACKINTOSH PHILOSOPHY）、スカート（Chaco closet）、靴（HARUTA） 3_ニット（Le Tricoteur）、オーバーオール（BEAMS BOY）、ライナージャケット・コート・ベレー帽（すべてUSED）靴（HARUTA）、バッグ（N25）

friday

4

ちょっと大人なアウトドアコーデ

アウトドアなイメージのフリースジャケットに、同系色のウールパンツを合わせ、カジュアルな印象を抑えました。

着ぶくれが
気になる方は
ジップを開けて

thursday

5

フリースであったかコーデ

厚手のニットの上に、大きめのフリースベストを重ね着し、いつもと違う遊び心をプラス。キャップもフリース素材を選び、統一感を出しました。

4_ニット(Omat Unelma:)、アウター(HELLY HANSEN)、パンツ(DANTON)、靴(HARUTA) 5_ニット(USED)、ベスト(Né-net)、パンツ(DANTON)、靴(HARUTA)、帽子(Columbia)

6

ゆるっとニットで おうち時間

全身ゆるゆるのオーバーサイズでまとめました。本来なら着ぶくれして見えるアイテムですが、あえてズルズル感を残しています。

saturday

sunday

7

チェックスカートで レトロコーデ

おばあちゃんが着ているような厚手のコートは、ちょっとレトロな雰囲気。黒いニットとチェックのプリーツスカートで清楚にまとめました。

6_ニット(SELECT MOCA)、パンツ(Omat Unelma:)、靴(HARUTA) 7_ニット・スカート・ベレー帽(ともにUSED)、コート(Omat Unelma:)、靴(HARUTA)、

1年中使えるアイテム

ニットベスト

重ね着に活躍するニットベストと、1着でコーディネートが完成するオーバーオール。どちらも素材を選べば、季節を問わず使えます。

春

長袖のシャツと合わせてアクセントに。ベストと同系色のスカートと。

秋

ジャケットや薄手のコートの下に着るのもおすすめ。差し色にもなります。

夏

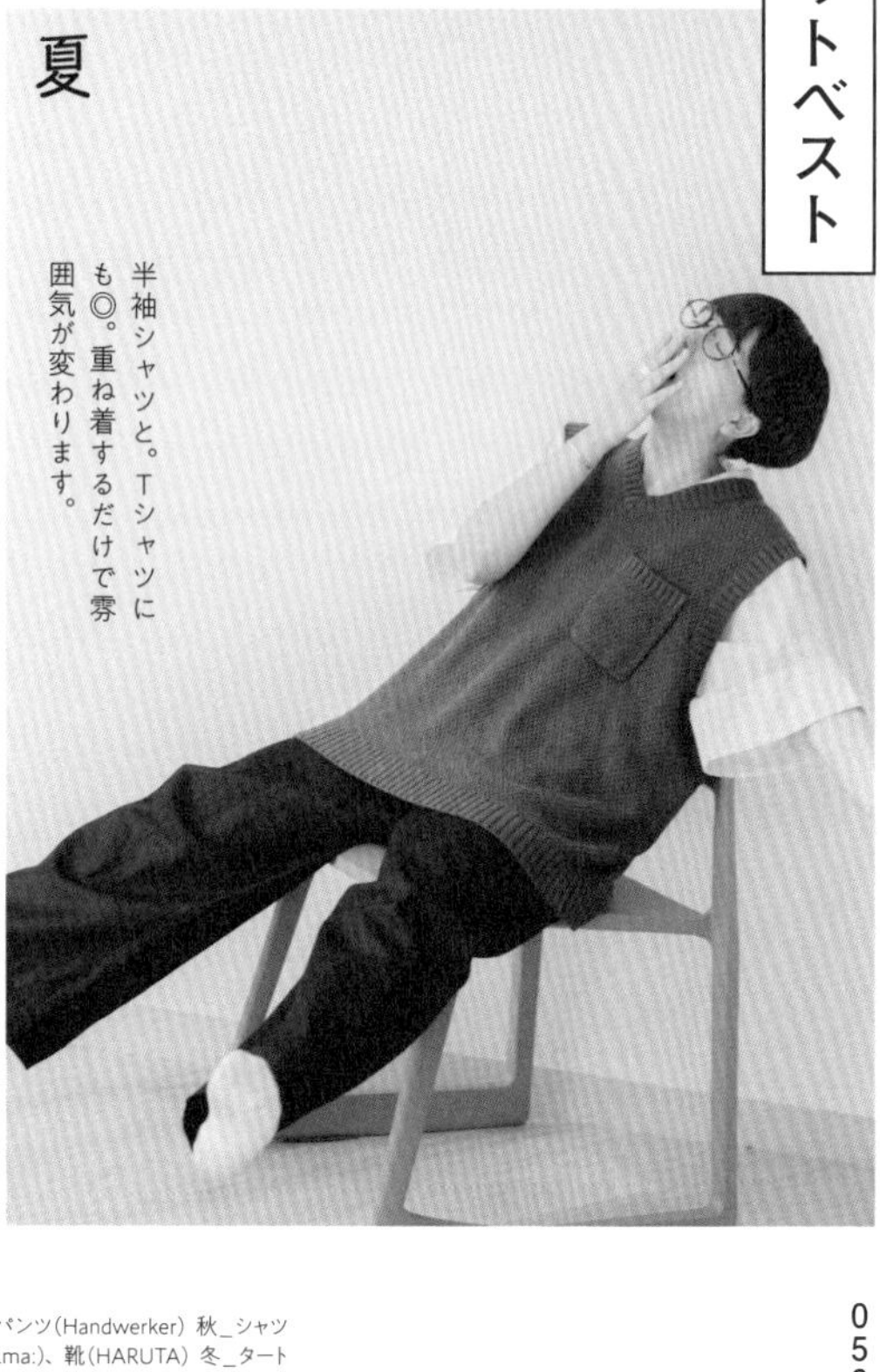

半袖シャツと。Tシャツにも◎。重ね着するだけで雰囲気が変わります。

冬

重ね着を楽しみたいときの、グリーンのミリタリーコーディネート。

ニットベスト(Omat Unelma:)
春_シャツ(nest Robe)、スカート(USED)、靴(HARUTA) 夏_シャツ(KBF)、パンツ(Handwerker) 秋_シャツ(DANTON)、ジャケット(MACKINTOSH PHILOSOPHY)、パンツ(Omat Unelma:)、靴(HARUTA) 冬_タートルニット(ユニクロ)、パンツ(niko and...)、コート・ベレー帽(ともにUSED)、靴(HARUTA)

オーバーオール

春

シンプルに白シャツと。子どもっぽくならないよう、スタンドカラーを選択。

夏

夏はやっぱりTシャツと。スニーカーを履き、元気なキッズスタイル風に。

秋

ステンカラーコートを羽織れば、カジュアルさがおさえられ、よそ行きに。

冬

オーバーオールの色に合わせてネイビーに統一。中のボーダーがアクセント。

オーバーオール(DANTON)
春_シャツ(nest Robe)、バッグ(N25)、靴(ORSOO) 夏_Tシャツ(LENO)、スニーカー(SHOES LIKE POTTERY) 秋_コート(LENO)、カットソー(VICTIM)、靴(HARUTA)、バッグ(Creed)、ベレー帽・スカーフ(ともにUSED) 冬_ニット(Le Tricoteur)、コート(MACKINTOSH PHILOSOPHY)、スニーカー(SHOES LIKE POTTERY)、帽子(Columbia)

おしゃれになる小物使い

メガネ

メガネは一番イメージチェンジできる小物だと思います。視力がいい人はファッションアイテムとして伊達メガネを取り入れてみるのも手です。

　フレームのデザインによって顔の印象がぐっと変わるので、メガネ選びは重要。自分がよく着る洋服のテイストに合うものを選ぶのが良いと思います。たとえば、シンプルな服装には、黒いフレームの大きめのメガネをかけるとアクセントになり、引き締め効果もあります。私がずっとかけているべっ甲柄のメガネは、ナチュラルなコーディネートに特に合います。

　どんなデザインや色がしっくりくるか一度メガネ屋さんに行き、カウンセリングをしてもらうのがおすすめです。

私のトレードマークでもある、べっ甲柄の丸メガネ。ブラウン系のフレームは髪色ともマッチ。ほどよく主張しながら、柔らかい印象を与えます。

メガネ(眼鏡市場)

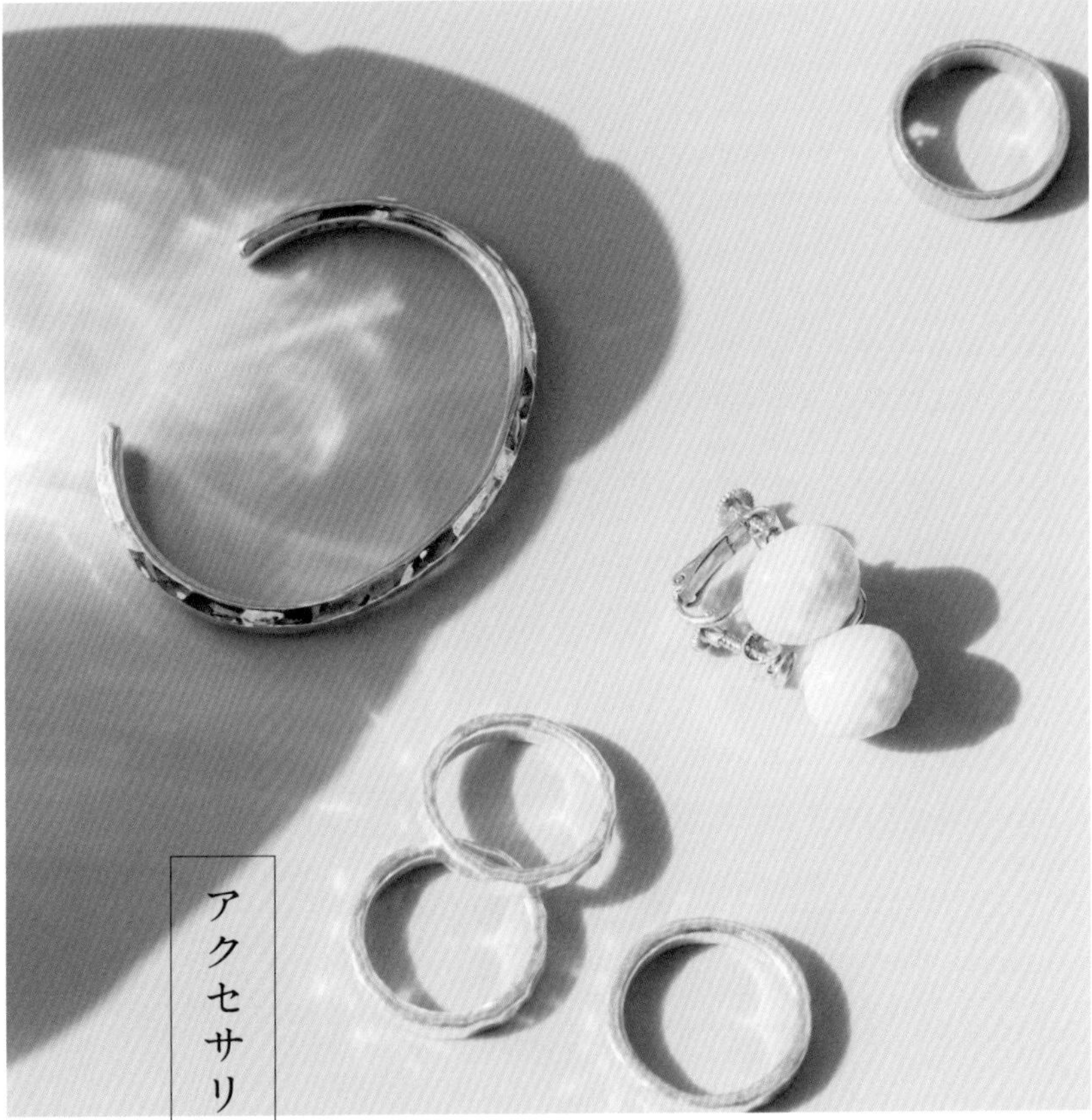

アクセサリー

私は学生時代、アクセサリーを一切つけないタイプでした。特に指輪やバングルは「自分がつけるなんて!」と、ちょっと萎縮していた時期もあったくらい。

ところが「市松」のアクセサリー(P.103)に出会い、考えが一変。悪天候やコンディションの悪い日は邪念が入ってしまうからと避け、コンディションの一番良い日に想いを込めて作られているという話を聞いて一気に愛おしくなり、市松一筋になりました。

アクセサリーによって手元や顔まわりが華やぎ、カジュアルな洋服でも子どもっぽくなりすぎないようバランスを調整できます。特にシンプルなコーディネートが多い夏は、イヤリングや指輪、バングルをアクセントに使っています。


リング・バングル(ともに市松)、イヤリング(七窯社)

腕時計

腕時計は、時間を確認するためだけではなく、アクセサリーとしての役割も持っています。特に夏場など腕を見せる季節は、手元の雰囲気を変えることができて便利。アクセサリーが苦手な方でも取り入れやすく、おしゃれの幅が広がります。

最近の腕時計は文字盤とベルトを別売りしているものも多く、自分好みにカスタマイズできます。コーディネートによって、ベルトの素材や色を変えるのも楽しいです。

レザーのベルトは時間が経つにつれて味が出て、使うたびに体になじんでいきます。シリコンタイプはより都会的な印象になり、シンプルな洋服との相性が良いです。

腕時計(左から、Hender Scheme、MAVEN WATCHES、TIMEX×BEAMS BOY、Apple Watch)

スカーフ

肌の露出が増える夏にこそ使いたいアイテム。シンプルなコーディネートのアクセントになり、上品な印象を与えます。私は古着屋で個性的な柄を探すのが好き。少し透け感のある素材やブラウン系の色が使いやすいです。

サスペンダー

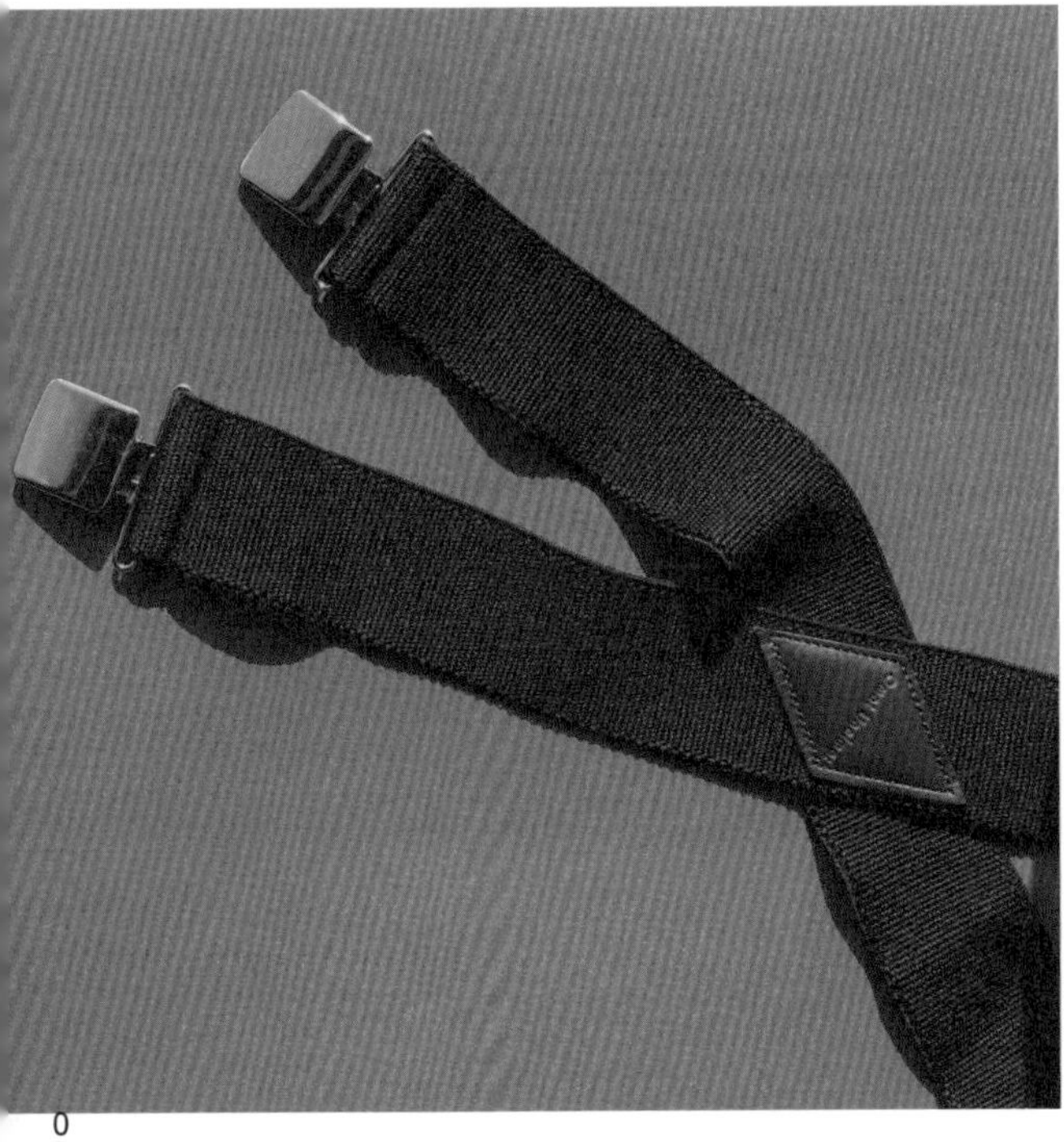

トラッドやメンズライクな服装に。Tシャツに合わせるだけでもかわいいです。レザーも味がありますが、ゴムのほうが扱いやすく、幅は太めが好みです。色は黒やベージュ、カーキ、ネイビーがおすすめ。

上_スカーフ(USED) 下_サスペンダー(Omat Unelma:)

いつものスタイルに古着を1着プラス！

定番

はじめての古着の着方

パンツ（MORRIS & SONS）、靴（ORSOO） 右_シャツ（SUSURI） 左_シャツ（USED）

柄 シルエット

古着は奇抜なイメージがあるかもしれませんが、シンプルなものもたくさんあります。初心者の方は、Tシャツ、シャツ、ニット、スウェット、トレンチコートなど、ベーシックなアイテムを選ぶのがおすすめ。手持ちの洋服と合わせやすく、普段の装いに交ぜても違和感がありません。

柄物やビビッドカラーなど個性が強い古着は、シンプルなアイテムと合わせて主役にするのがコツ。合わせるアイテムは、柄物の中に入っている色や、主役よりも目立たない同じ柄を選ぶと、統一感が出せます。

古着は大きめのサイズが多いので、細めのものと合わせてメリハリをつけるか、逆に同じくらいのオーバーサイズを合わせるとバランスよくまとまります。

右_ニット(USED)、パンツ(DANTON)、靴(HARUTA) 左_ニット・オーバーオール(ともにUSED)、スニーカー(VANS)

お悩みに答えます!

rescue

kinoko.のおしゃれ

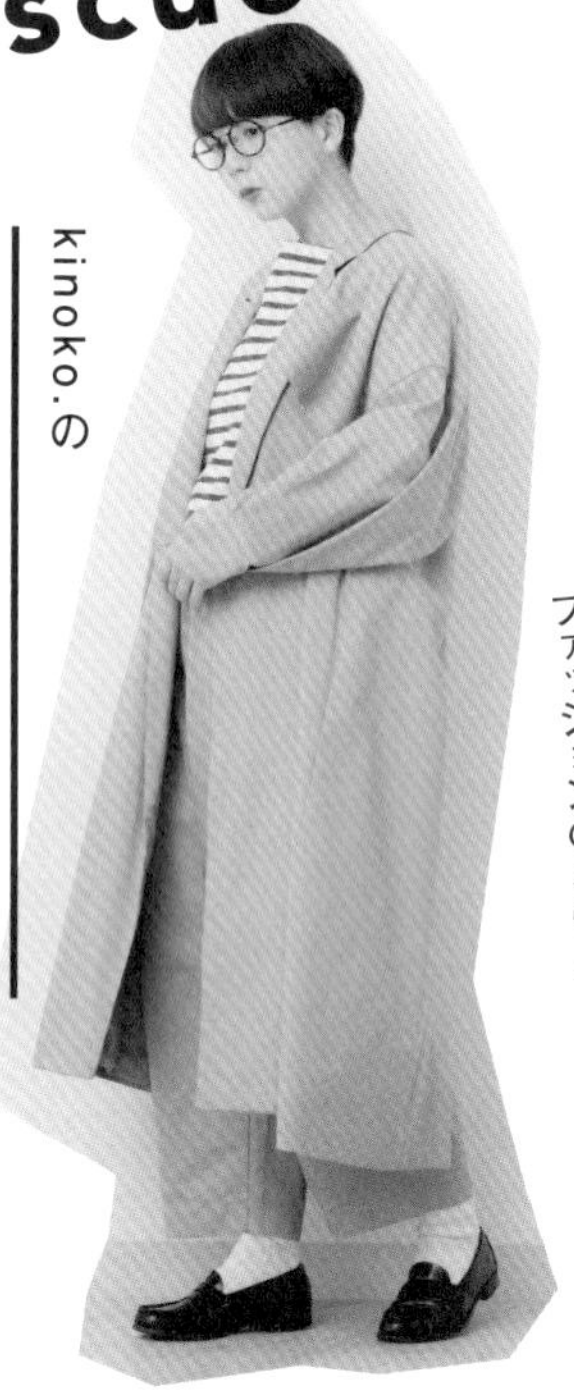

インスタグラムに寄せられたファッションのお悩みにお答えします!

Q おしゃれになるためには、何からはじめたらいいですか？

A まずは、好きな人や憧れの人を真似して、そこから自分のスタイルを確立してみてはどうでしょうか？ ファッション、メイク、髪型……スタートは何でもOK。自分が興味のあることから取りかかると良いと思います。

Q コーディネートのマンネリを打破するためにはどうすればいい？

A 雑誌やSNSなどで自分が持っているものと同じアイテムを探し、他の人のスタイリングを参考にすると新しい発見があります。手持ちの服で似合わないと思っている組み合わせを着てみるのも、マンネリを打破するヒントになります。

Q ネット通販で理想通りの買い物ができません

A 私も失敗した経験があるので、
次のことを心がけています。
①サイズをよく見る（表記されている寸法と、
モデル画像で着用時のサイズ感をチェック）。
②着用モデルが写真以外の人もいるか探す
（海外モデルの場合はイメージしにくいので、
日本人モデルや自分の体型と近い方の着用写真を
探す。SNSでブランドタグを見ると良い）。
③素材を必ず調べる。
④商品画像の色みを確認（掲載画像の色みが
加工されている可能性があるので、
できるだけSNSを駆使して他の写真も探す）。

ファッションの Oshare レスキュー

Q

汚れたり、ヨレたりするのが気になって、大好きな服が着られません

A

とても気持ちがわかります……。しかし、せっかく買ったのに着ないのはもったいないと思います。大好きな服だからこそ、ぜひたくさん着てください。もしも汚れてしまったときは、VIP対応で、クリーニングに出しましょう。

Q

洋服はたくさんあるのに、着たい服がありません

A

絶対に着る1軍と、それ以外の2軍に分け、
その季節に必ず使うアイテムを取捨選択しています。
「これは着るかも」ではなく、
本当に着るものだけを1軍にすれば
整理するきっかけになるはず。

Q

初心者でも取り入れやすい小物はありますか?

A

腕時計、レザーバングルなど、まず腕につけることからはじめてみては?
指輪やイヤリングもおすすめ。手や顔まわりでかなり印象が変わります。
スカーフは首に巻く、ベルトにする、
ネクタイ風に使う、バッグの仕切りにするなど意外と
使い道が多いので一つ持っておくのも便利ですよ。

2

kinoko.の
おしゃれになるライフスタイル

この章ではインテリア、ヘアメイク、体のケアなど、私のライフスタイルについてまとめています。

洗顔後は顔のストレッチやリンパマッサージを毎日欠かさず行い、ちょっといいシャンプーやトリートメントを使って髪の毛をしっかりケアします。

YouTubeの撮影場所でもある自宅は、清潔感をキープ。体を動かして掃除をするとストレス発散にもなるので一石二鳥です。洋服や小物は、できるだけ一目で探しやすいように詰め込みすぎず、すっきりとした収納を心がけています。ただ収納するよりも、お店のディスプレイのような飾り方を意識すると、毎日の洋服選びも楽しくなります。

ファッションを楽しむ余裕は、心身ともに健やかに暮らすことから生まれます。おしゃれな人になるためにも、自分自身のメンテナンスを怠らないようにしています。


スウェット（オールドマンズテーラー）、オーバーオール（BEAMS BOY）、スニーカー（SHOES LIKE POTTERY）

収納・洋服

洋服は季節によって収納場所を入れ替えます。探しやすいようにアイテム別に配置。クローゼットとは別にハンガーラックを置き、その季節によく着るものをかけています。

クローゼット

アウターやスカート、ワンピースなどを吊るし収納。洋服同士に隙間ができるくらい余裕を持たせるようにしています。上の棚にはカットソー（秋冬はニット類）やパンツをたたんで置いています。

ハンガーラック

春夏はシャツ、秋冬はアウターをかけています。シャツはしわになりにくく、色別に分けることでコーディネートが考えやすくなり、時短にもつながります。

ベルト

ボトムスにベルトやサスペンダーを合わせると、コーディネートのアクセントになります。ボックスにひとまとめにして入れれば、取り出しやすいです。

靴下

靴下は季節やコーディネートに合わせて選びやすいように、厚手と薄手でボックスを分けて収納。厚手はたたんで、薄手は仕切りを使い、丸めて入れています。

衣替えについて

季節が変わる1~2ヶ月前に衣替えをします。シーズンオフのものなど、あまり着ない洋服は宅配型のトランクルームを利用して外に預け、収納スペースを確保しています。

収納・小物

小物はどこに何があるかすぐわかるように、外に出してディスプレイ風にすると気分が上がります。収納ケースは木目調のインテリアに合わせ、主張の少ないかごを選びました。

アクセサリー

イヤリングはヘビロテするもの以外は瓶に入れています。バングル、リングなど、よく使うお気に入りは、台の上に並べてディスプレイしています。

メガネ

本当は全部同じケースに入れて保管したいのですが、好みのケースがないので、メガネはそのまま棚に並べています。ケースはかごに。

ハンドクリーム・香水

気分によって香りを変えるのが好きなので、香水やハンドクリームは数種類そろえています。かごにまとめておけば、出し入れしやすく、すっきりします。

帽子

ベレー帽を中心にウールのものを愛用。収納場所は悩み中ですが、形が崩れないように積み上げて保管することが多いです。

腕時計

腕時計はすぐ選べるように、棚に並べて〝見える収納〟に。ベルトはナチュラルで落ち着いた色、文字盤は大人っぽくシンプルなデザインが好みです。

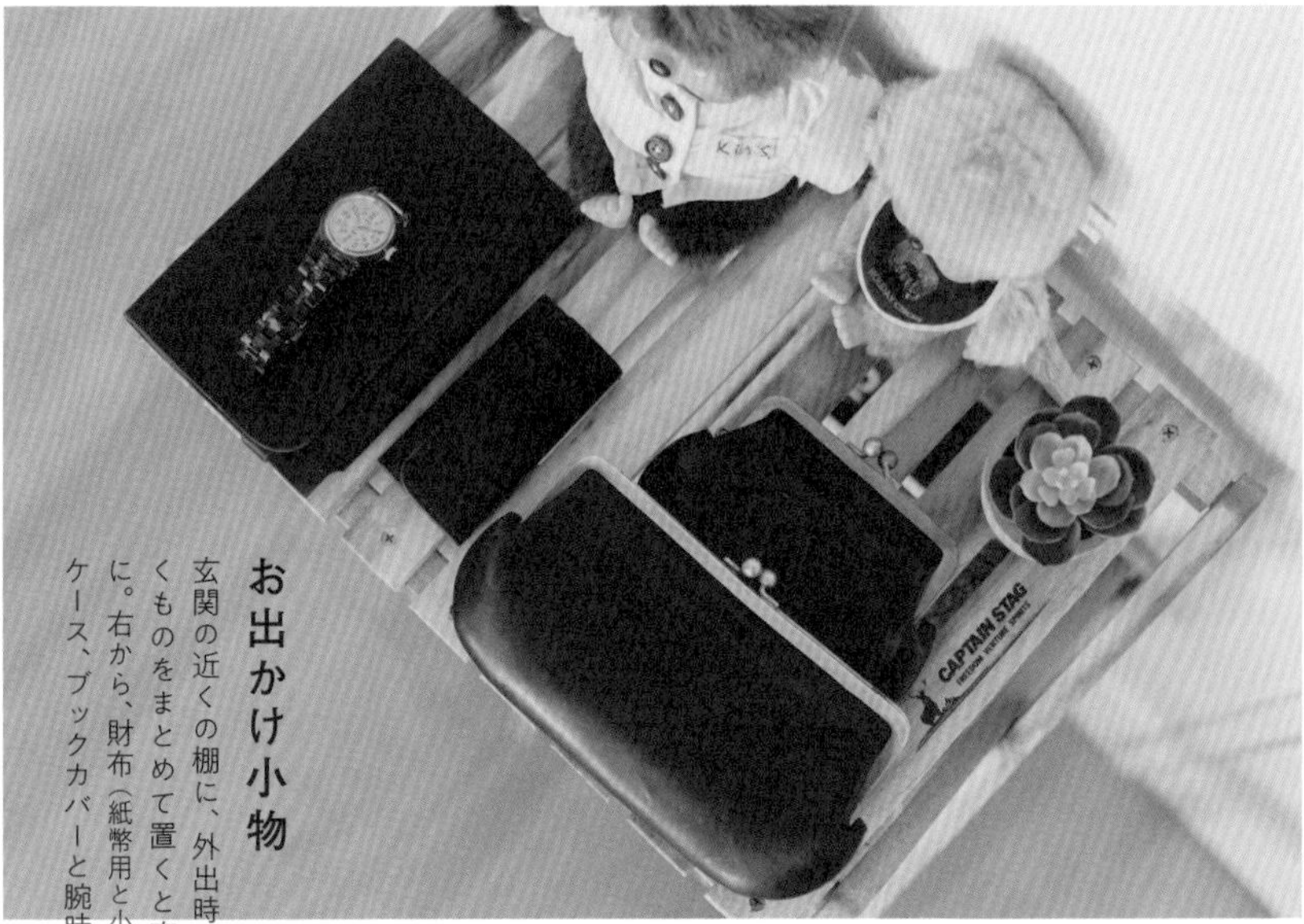

お出かけ小物

玄関の近くの棚に、外出時に持っていくものをまとめて置くと忘れ物防止に。右から、財布（紙幣用と小銭用）、キーケース、ブックカバーと腕時計。

お手入れ

大好きな洋服を長く使い続けるためには、丁寧なお手入れも大切です。洗剤は素材によって変えると、洗い上がりが全然違います。

洗剤・柔軟剤

洗濯に失敗して以来、洋服の取扱いを勉強し、素材に合った洗剤を使用するように。現在はデニム、おしゃれ着、タオル、下着、その他で使い分けています。

右から、ラボン シャレボン シャイニームーン、エマール リフレッシュグリーンの香り、BEYONDEXX No.1 SPECIAL DENIM CARE WASH、John's Blend ソフナー WHITE MUSK

ケア用品

アウター、ニットなどはブラッシングや毛玉取りでケア。メガネはクリーナーで常に清潔にします。革靴のホコリ落としは馬毛ブラシを使用。

靴

靴は玄関のシューズボックスに。スニーカーやローファー、サンダルなど、全部出すとこんな感じ。

アイロン

スチーマーにもなるアイロンを愛用。ハンガーにかけたまま簡単にしわを伸ばせるので楽チンです。消臭効果もあり、衣類が長持ちしやすい。

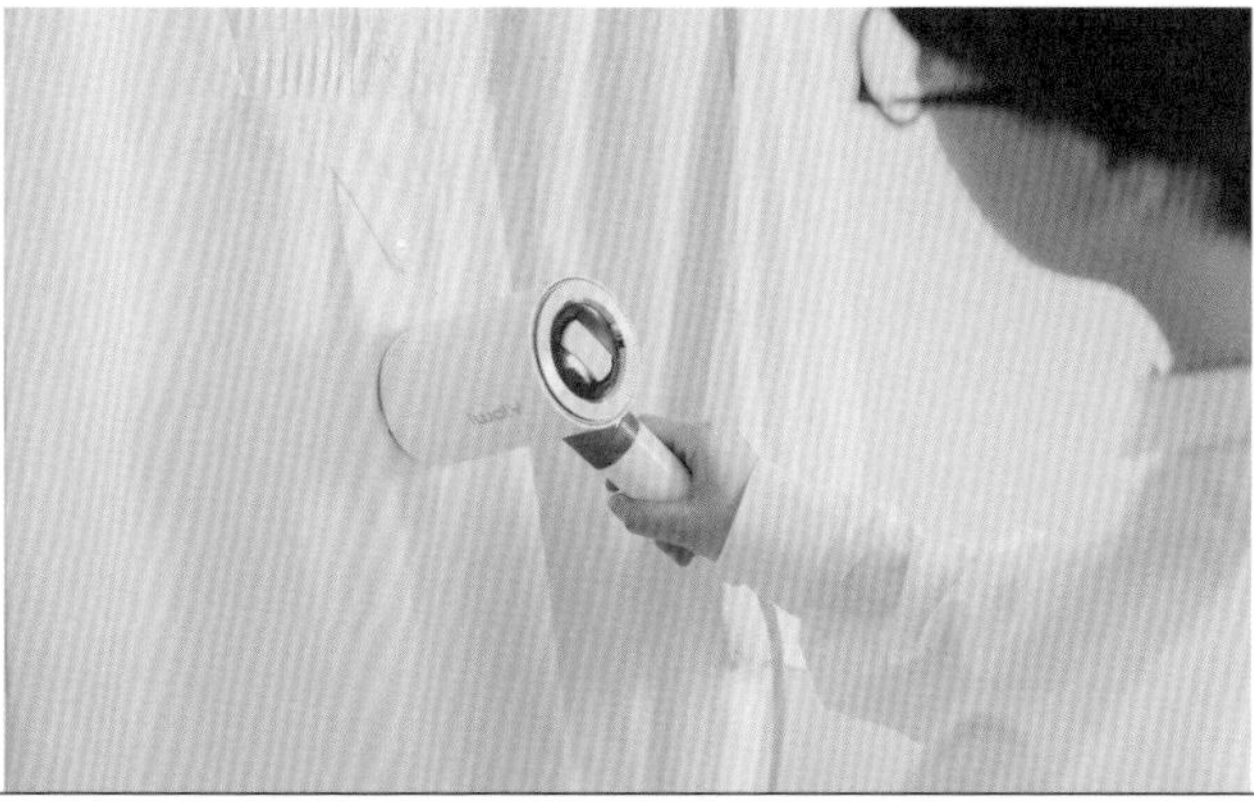

スキンケア

敏感肌で乾燥肌なので、スキンケアは念入りに。つっぱりや乾燥がないかなど、あれこれ試してようやく自分に合う方法を見つけました。

スキンケアの順番

1 洗顔
朝はぬるま湯で洗う。夜はクレンジング＋洗顔後タオルでふき、クレンジングシートで軽くふく。

2 化粧水
手のひらに出して少し温めてから肌の奥に浸透するよう押さえて塗る（メイク時は2回）。

3 美容液
手のひらに出して温め、塗る（2回プッシュが目安）。顔を軽くマッサージしてリンパを流す。

4 保湿クリーム（乳液）
おでこ、あご下、両頬にのせて全体に伸ばす。

上段右から、ENRICH CREAM、FERMENT SERUM、REFINING LOTION（ON&DO）、ME 3、ザ・タイムRアクア、クリアアップローション（IPSA）
下段右から、POWDER WASH、CLEANSING OIL（ON&DO）、Hydrabio エイチツーオー（BIODERMA）

顔のストレッチ

ほうれい線やたるみ防止に効果的なストレッチ。朝と夜の1日2回、スキンケアのついでに、またはお風呂で行います。

1

口をつぼめ、戻すを1分間くり返す。

2

口を閉じたまま、右の頬の内側に舌で1分間、円を描く。

3

2と同様に、左の頬にも1分間、円を描く。

4

口を閉じたまま、1分間、口の中（上下左右）を舌で1周する。

5

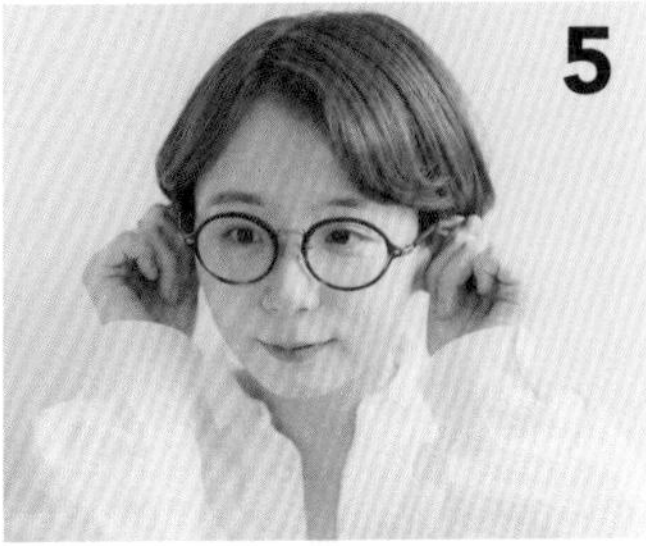

両耳を手で引っ張り、軽くまわす。

6

耳の裏側を5秒ほど押す。3回くり返す。

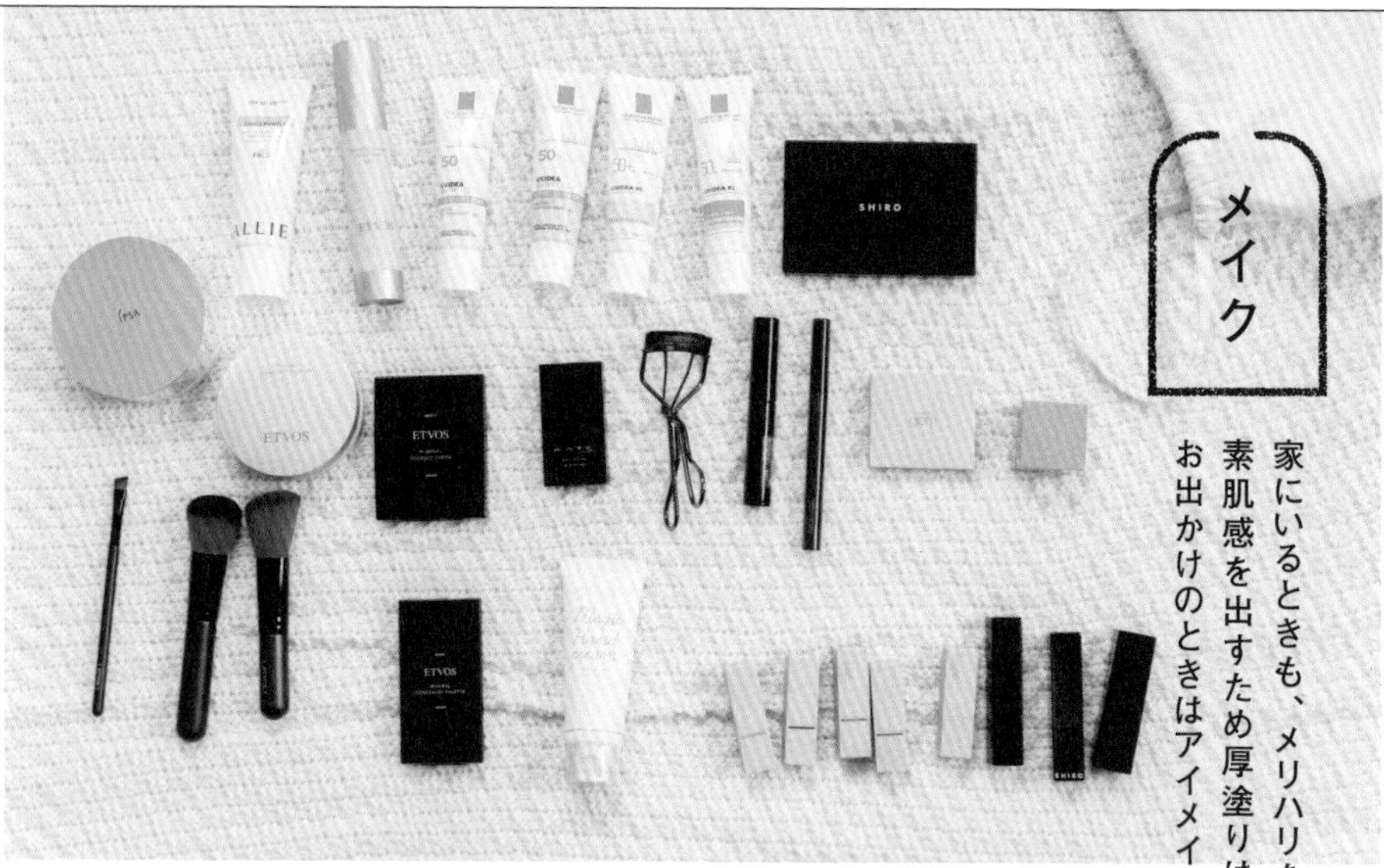

メイク

家にいるときも、メリハリをつけるために毎日メイクをしています。素肌感を出すため厚塗りはせず、お出かけのときはアイメイクをしっかりめに。

メイク道具

普段使いの化粧品は巾着袋にざっくり入れて保管。ファンデーション、コンシーラー、口紅などメイク直しに使う最低限のアイテムは、目薬やハンドクリームと一緒にポーチに入れて持ち歩きます。

1
化粧水をコットンにたっぷりしみ込ませて顔をふき、汚れを取る。

2
化粧水を再び手のひらに出して少し温めてから塗り、肌に浸透させる。

3
美容液を手のひらに出して少し温めてから塗り、肌に浸透させる。

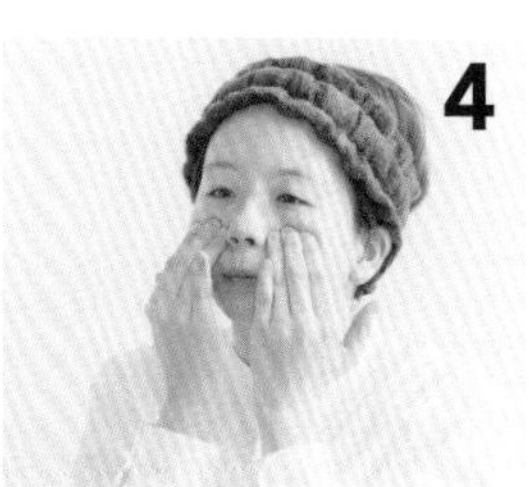

4
顔を軽くマッサージする。

＊商品名はP.127参照。

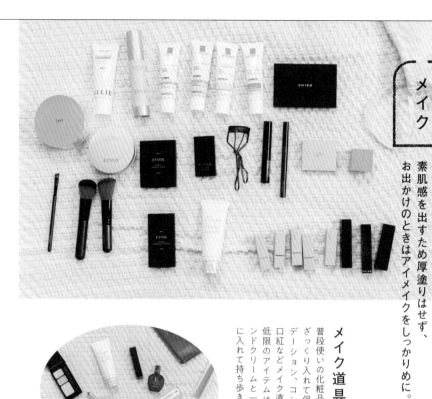

保湿クリーム（乳液）を顔全体にしっかりなじませる。

下地をつける。

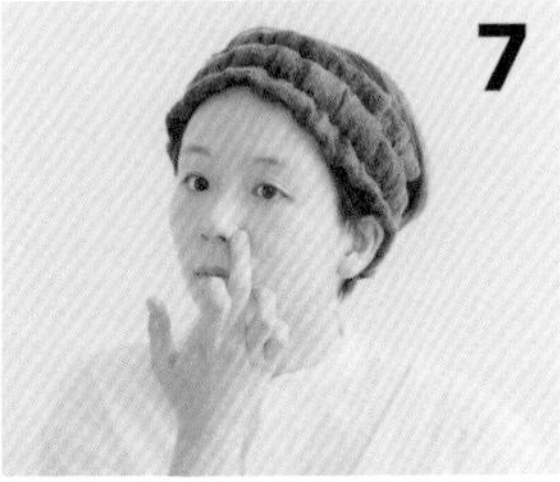

コンシーラーをクマや鼻に塗り、肌のキメを整える。

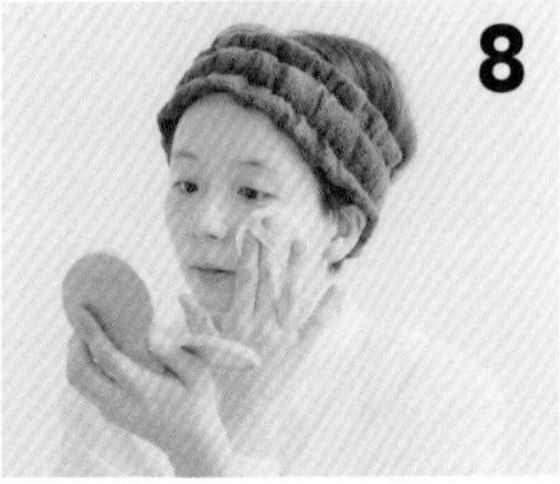

ファンデーションを塗る。

フェイスパウダーをはたく。

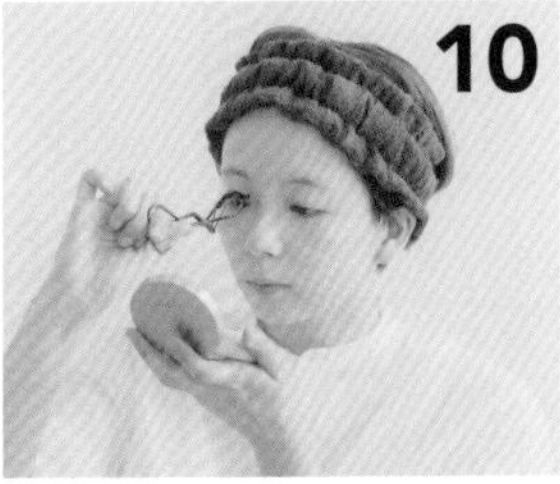

ビューラーでまつ毛を上げる。

眉毛を描く。

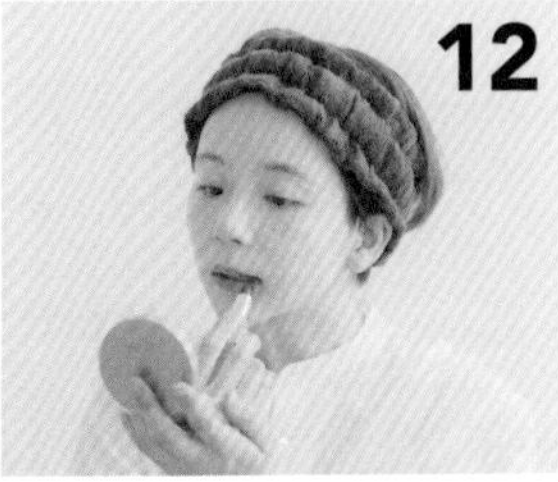

口紅を塗る。ここまでは普段用。

オレンジ系のアイシャドウをまぶたにのせ、ブラウン系のアイラインを引き、オレンジ系のチークを頬に軽くのせる。

ヘア

髪質が柔らかく、クセ毛なので毎朝シャワーでクセを直してからセット。ヘアスタイルは、前髪ありとセンター分けを使い分けています。

ヘアケアアイテム

髪の毛にツヤと潤いを与えるため、トリートメントやヘアオイルはヘアケアに欠かせません。右から順に、洗い流さないトリートメント、ヘアオイル（さっぱり、しっとり、無香、香りあり）。

シャンプー・トリートメント

私は肌が弱いので、成分が肌にやさしいタイプのシャンプーをリサーチして美容室で購入。香りも良く、気に入っています。シャンプー後に同じブランドのトリートメントを使用。

上_右から、スムース セラム（Aujua）、Anly Rees hairoil（Anly）、エブリシングオイル（LISARCH）、ベーススタイリングオイル／グリーンアップル＆ローズの香り・無香料（LIPPS） 下_右から、ヘアパックトリートメント スムース・ヘアパック シャンプー スムース（Tsutsumu）

ヘアスタイリング

前髪あり

1

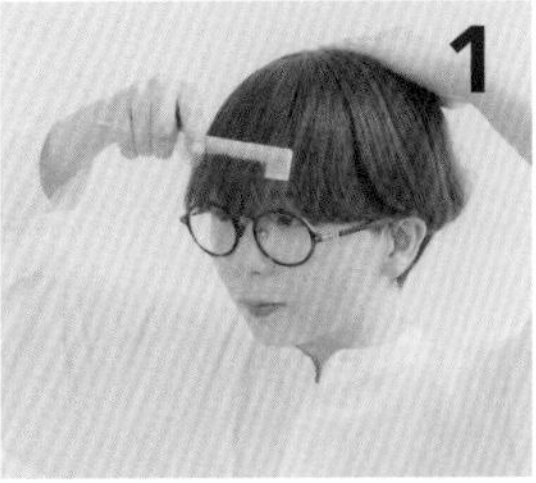

前髪をコームでとかす。

2

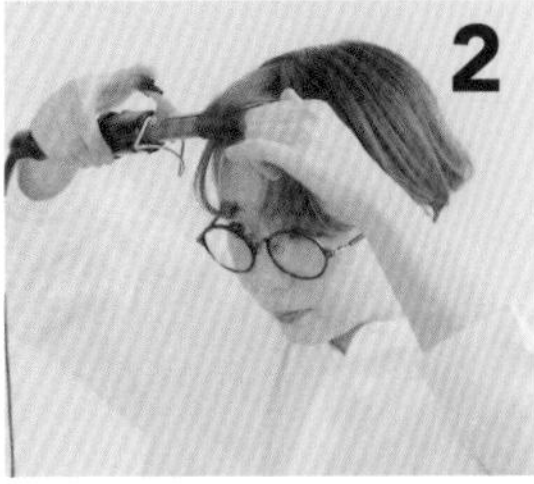

前髪を2つに分け、左右の髪をそれぞれコテで巻く。

3

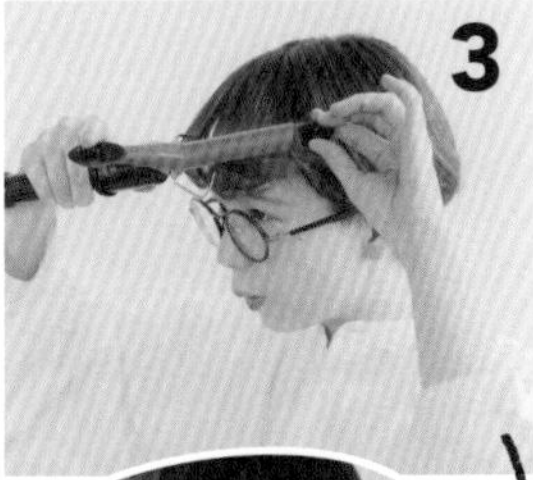

サイドの髪をコテで巻き、全体のバランスを整える。全体にヘアオイルをなじませる。

完成

センター分け

1

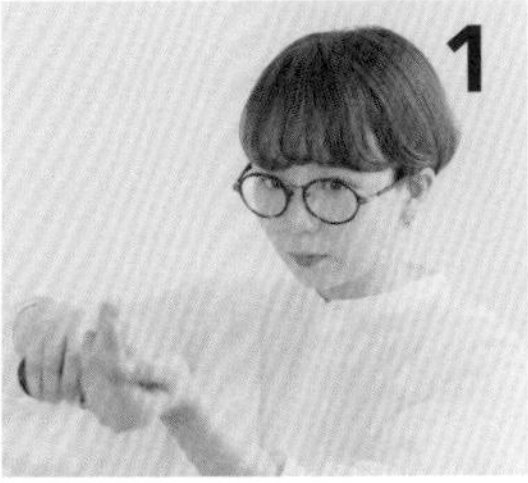

ヘアオイルを手にとる。

2

乾いた髪全体になじませる。

3

ドライヤーを前髪にあて、空気を含ませて前髪を立たせる。

4

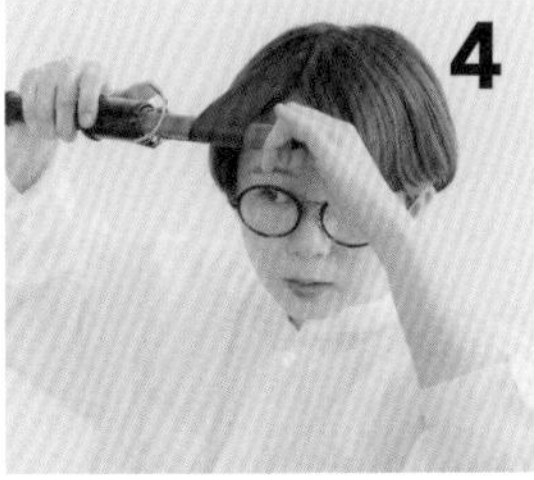

立たせた前髪を2つに分け、左右のバランスを見ながらコテで巻く。

5

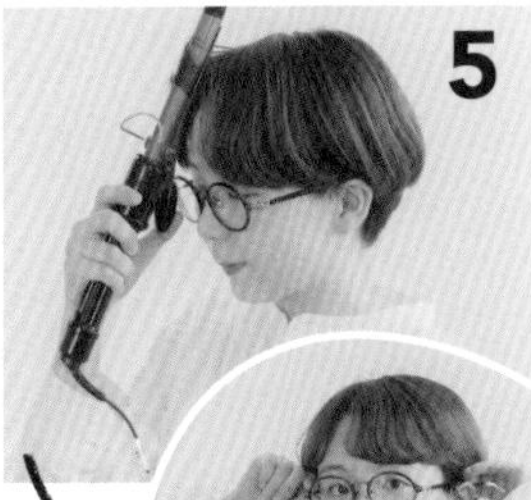

サイドの髪をコテで巻き、全体のバランスを整える。

完成

道具

センター分けを行うため、ドライヤーは風力が強いタイプを選びました。ヘアアイロン（コテ）は高校のときからずっと使い続けているもの。

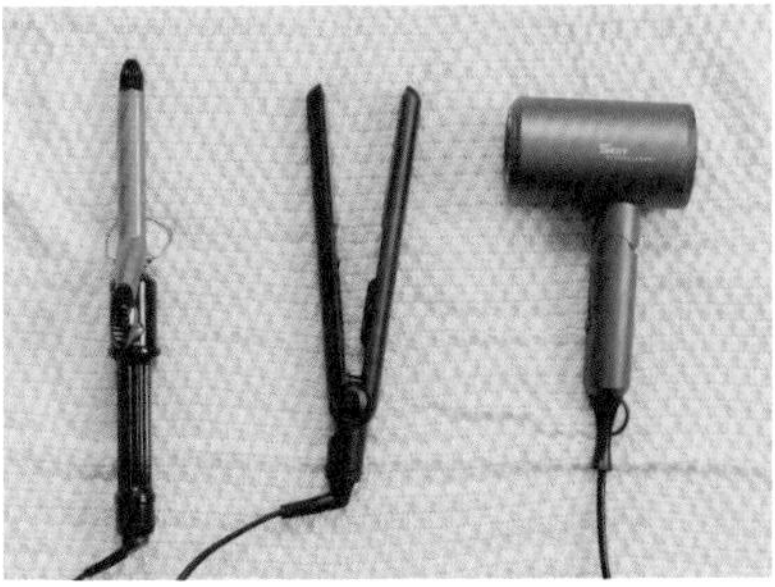

バッグ

バッグはプライベートと仕事で分けています。普段はものを持ちたくないので小さめで、仕事用はパソコンやカメラが入る丈夫さを重視。

カジュアルなコーディネートでも、バッグが上品だと子どもっぽくなりすぎないので基本はレザーを使用。黒や茶は何にでも合わせやすいので便利。右から、USEDの麻素材エコバッグ、N25のペンギンバッグ、Creedのショルダーバッグ。

お出かけバッグ

中身

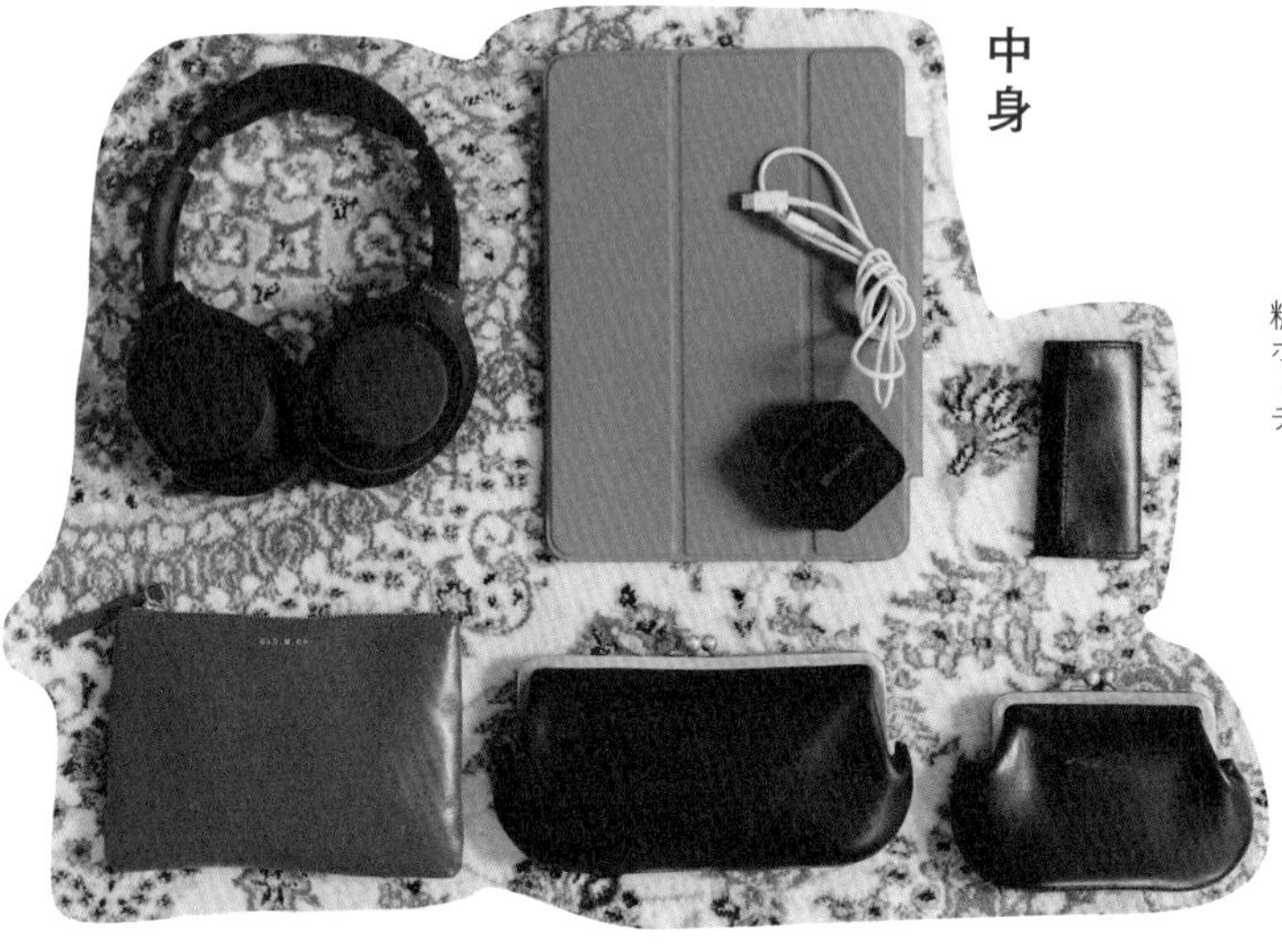

お出かけバッグの中身はこんな感じ。上段右から、キーケース、iPad（持ち歩かないときもあります）、充電器、ヘッドフォン。下段右から、小銭入れとお財布、化粧ポーチ。

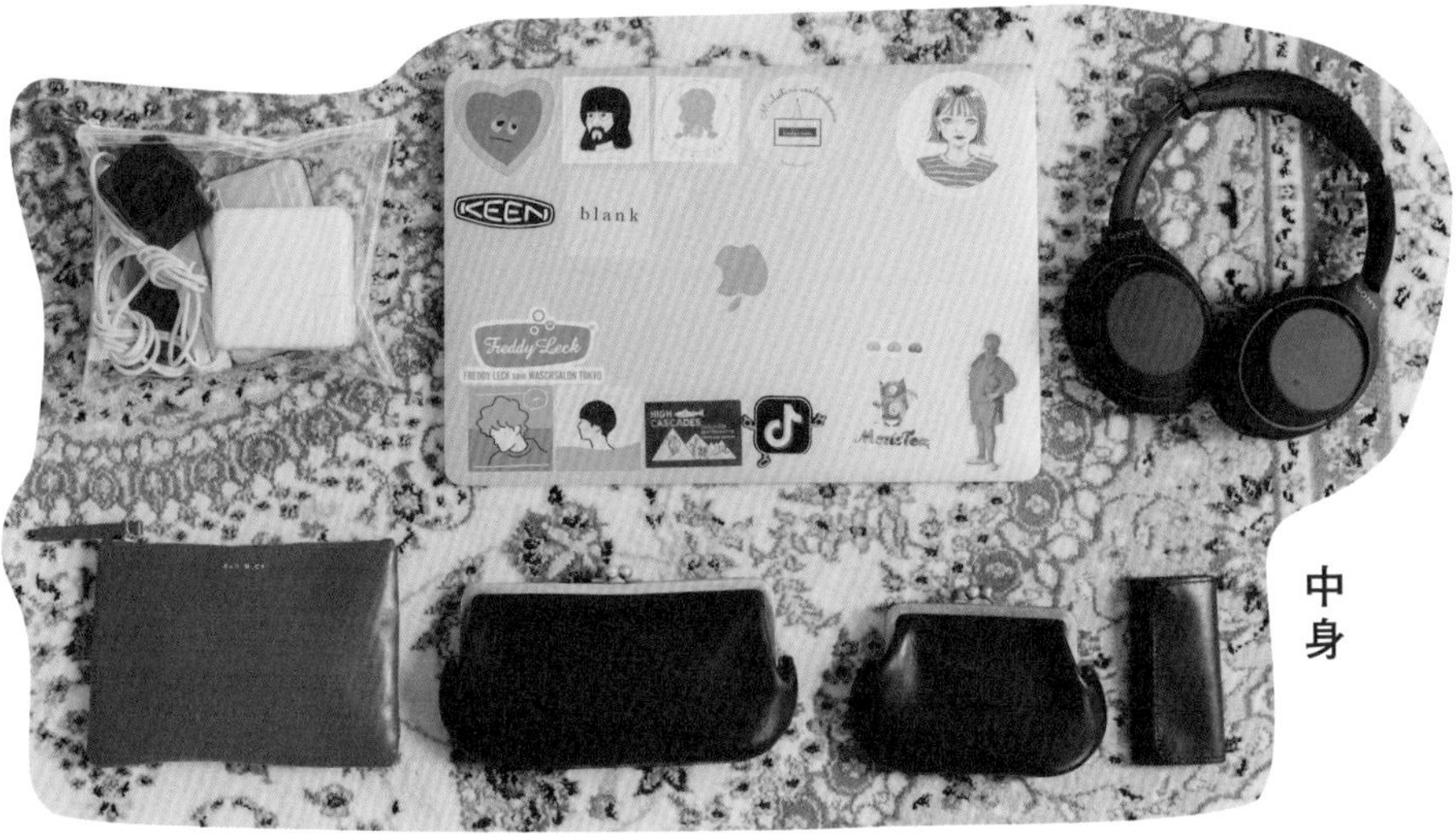

中身

バッグの中身は普段のお出かけとそこまで変わりません。iPadがパソコンに変わり、スマホやパソコンの充電器などケーブル類は透明ケースにひとまとめにして入れておきます。

仕事バッグ

仕事の日は必ずパソコンを持ち歩くので、大きめのバッグを使います。ビジネスっぽくなりすぎないようにカジュアルなものをチョイスしました。KAMIHITOEのバッグは撥水加工をした和紙で作られており、柔らかい印象で合わせやすく、お気に入りです。

お部屋

部屋が広く見えるように、高さのある家具は置きません。木製の家具で色みを統一し、すっきり見えるように工夫しています。

ベッドまわり

ベッドの近くは好きなものを飾り、リラックスできる空間に。窓際には好きなブランドのルックブックや、好きな香りのルームフレグランスを置いて。腰を痛めないように「コアラマットレス」を使用。

食器棚

食器はシンクの上の棚に収納しています。下の段にはお気に入りの出西窯のマグカップを。温かみのある色とデザイン、絶妙なフォルムの虜になり、愛用しています。

雑誌は『FUDGE』をはじめ、ファッション関連が多いです。女性誌だけでなく、小物の見せ方などは男性誌も参考にします。勉強のためビジネス書や自己啓発本も購入。

本棚

YouTubeの撮影にも使っているので、リビングにはあまりものを置かないようにしています。ラグの上でくつろぎ、愛犬の稲穂とおもちゃやボールで遊び、癒されています。

リビング

3

内面から おしゃれになる方法

みなさんは「おしゃれな人」をイメージするとき、洋服やメイク、髪型など主に外見を見て判断することが多いのではないでしょうか？　素敵な洋服を着て、見た目に気を遣えば、おしゃれな人になれて、きっと自分のことを好きになれるはず。私はそんなふうに思っていました。

でも、実際は違いました。ファッションによって一瞬は満たされますが、いくら好きな洋服を着ても、どこか心にぽっかり穴があいているような気がしたのです。そのモヤモヤした気持ちに向き合ってみたら、外見だけではなく、内面を変えないと、本当の意味で自分を好きになれないのではないかと気がつきました。

私の人生が１８０度変わったのは、外見だけでなく内面も変わることができたからです。この章では、おしゃれになるために、私がたどりついた考え方をまとめました。

シャツ（SUSURI）

おしゃれになるための 8つの方法

1 なりたい自分を見つける

2 年齢に縛られず、行動する

3 印象を変えるために行動してみる

4 洋服の系統は決めない

5 自分のことは自分が大事にする

6 買ったものは後悔しない！

7 ポジティブな気持ちに切り替える

8 いいかげんにやる

ニット(SELECT MOCA)、靴(HARUTA)

1

なりたい自分を見つける

おしゃれになるための第一歩は、まず、なりたい自分を見つけることから。洋服に興味を持ちはじめた頃、いろいろなファッション誌やSNSで、モデルの方が身にまとっている洋服やメイク、髪型などを見て、「なりたい自分像」がかたまってきたように思います。私は、〝ボーイッシュ〟や〝メンズライク〟のものが好きで、「海外の〝かっこかわいい〟男の子」のような見た目に憧れていました。

そう、外見を理想に近づけることも自信につながるとは思うのです。でも年齢を重ねるにつれ、ただ表面的に変えても、結局、根本が変わらないと意味がないのではないかと考えるようになりました。

もともと私は、問題が起きると必ず引きずってしまう、ネガティブな人間。自分を出すのが怖くて、常に人から嫌われないように生きていました。だから、他人に流されず自己表現ができて、嫌なことがあっても気持ちの切り替えができる人に出会うと、「私もこんな人になりたい」と思い、いつしかそれが目標になりました。

右_ジャケット(USED)、長袖Tシャツ(ユニクロ)、パンツ(DANTON)、靴(HARUTA)
中_ジャケット・パンツ(ともにOmat Unelma:)、靴(niko and...)
左_デニムジャケット・パンツ(ともにHandwerker)、シャツ(DANTON)、靴(HARUTA)

外見と内面、2つの「なりたい自分」を見つけてからは、理想に近づくため、試行錯誤。外見はファッションやメイクを磨き、内面は本を読むなどしてメンタル強化に努めました。ただし、あくまでも目標であって、決して自己否定をしているわけではないので誤解なきように。なりたい自分を見つけられると自分磨きが楽しいです。
　成長を実感すると嬉しいし、毎日が刺激的になります。

2

年齢に縛られず、行動する

学生時代の私は自己肯定感が低く、おしゃれにも興味がありませんでした。あんなに自分のことが嫌いだった私が、変わることができたのは高校を卒業する直前、「Ne-net」というブランドと出会い、洋服を好きになったのがきっかけです。人生の転機は、いつ訪れるかわかりません。

「人は何歳からでも変われる」という言葉は、雑誌や広告などのキャッチコピーでもよく目にします。正直なところ、きれい事のようにも聞こえますが、私は本当にそうだと信じています。

学生時代の担任の先生の言葉が、今でも心に残っています。その先生は突然、学校を辞めることを生徒の前で宣言したのです。

「僕は30歳になりました。自分の人生を謳歌するために、今から第二の人生を生きていこうと思います。次は教師とはまったく関係ない仕事をします。みなさんも年齢に関係なく、好きなことをして生きてください」

ジャケット(MACKINTOSH PHILOSOPHY)、カットソー(ユニクロ)

当時、私はまだ子どもだったので、どういう意味だったのかわからなかったのですが、大人になるにつれ、先生が言っていた言葉の意味や重さを実感するようになりました。

自分の見た目や性格、人間関係、仕事など、何かを変えたいという気持ちがあっても、どこかで年齢を言い訳にして、行動を制限してしまうことってありますよね。ファッションにおいても同じ。年齢を気にして、好きな格好ができない方もいるのではないでしょうか。「若いからできる」、「大人になったからできる」など、人は年齢を言い訳にして諦めてしまいがちです。

でも、誰に何を言われたとしても、自分の人生は自分だけのものです。私が変わることができたのは、若さのおかげではなく、好きなものや、なりたい自分が見つかったからだと思います。好奇心や行動力があれば、何歳になっても人は変われるのではないでしょうか。

もちろん、人は必ず変わらなくてはいけないと言っているのではなく、変わらないことも素敵です。ただ、変わりたいのに一歩を踏み出せないでいる方がいたら、ぜひ勇気を出して行動してみて欲しいなと思います。ほんの少しのきっかけで、思ってもみなかった方向に人生が転がり出すことがあるのですから。

学生時代の私が、今の私の姿を見たら、きっとびっくりするでしょう。もうすぐ私も30代に突入です。この先も「好き」の気持ちに従って、変わることを恐れず進んでいきたいです。

3

印象を変えるために行動してみる

おしゃれになるためには、ただファッションを変えるだけではなく、自分がどう見られたいかを意識して行動することも大切です。

ネガティブで自信がなかった頃の私は、猫背で姿勢が悪く、常に下を向いて歩いていました。おしゃれに興味を持ちはじめてから気がついたのですが、どんなに素敵な洋服を着ていても、姿勢が悪いと洋服の見え方も良くないです。もっと言えば、洋服だけではなく、自分の印象まで悪くなってしまいます。いつも背筋がすっと伸びている人は、かっこいいですよね。今は猫背にならないように常に姿勢を正すことを意識しています。姿勢が良いと視線が上がるので、不思議と考え方も前向きになれて表情も明るくなった気がします。

高校まで地味だった私が、イメチェンして垢抜けたのは大学に入ってからです。3歳から18歳まで水泳をしていて肩幅ががっちりしていたので、ダイエットをしました。髪型はショートヘアに。髪の色も変えて毛量も減らしました。顔の印象を変えたアイテムはメガネです。自分に自信がなかったとき、メガネをかけるだけで、なぜか視界が明るくなり、ちょっと強くなれました。高校までは普通のメガネでしたが、髪型を変えた頃から、ファッションを意識したデザインに変えました。愛用している丸メガネは、私のアイデンティティを確立してくれた、人生の相棒と言っても過言ではありません。

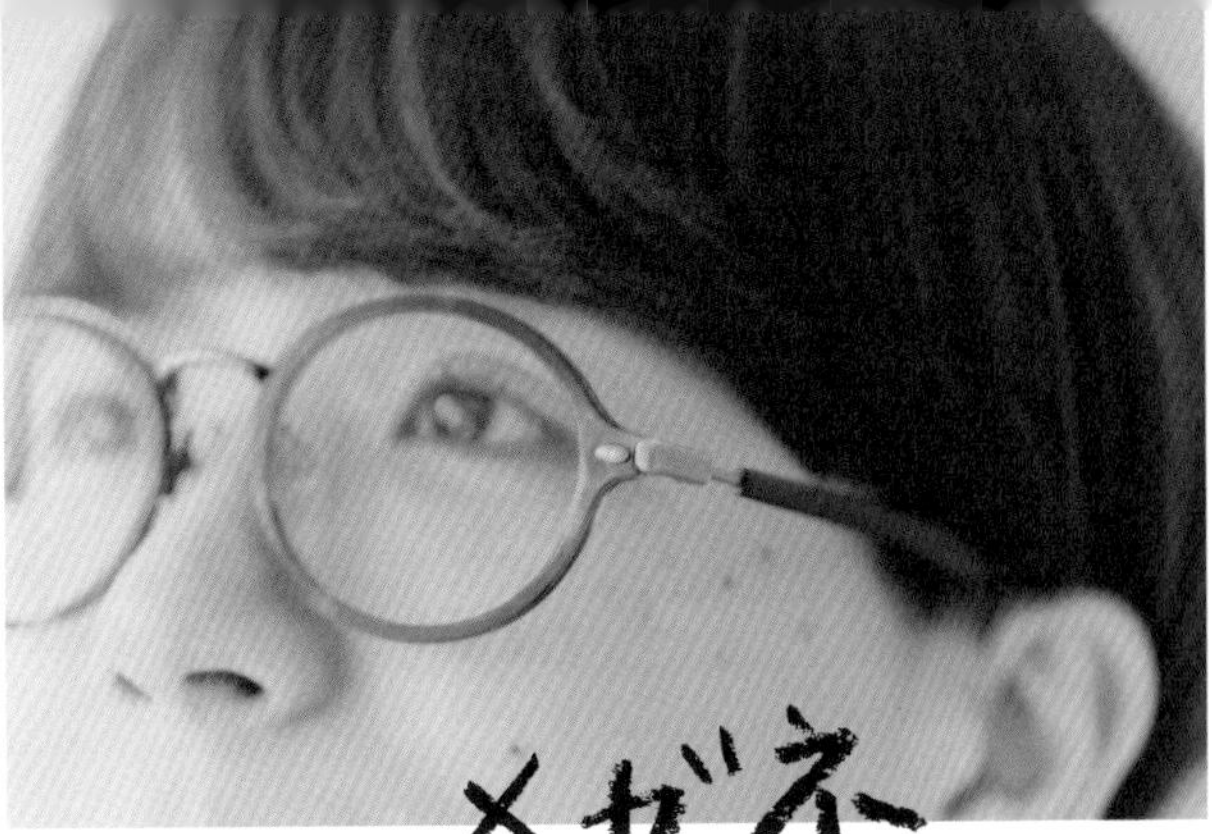

シンプルなコーディネートでもメガネをかけるだけでアクセントに。洋服に合わせ、フレームの色を変えています。

メガネ

リップ

基本はナチュラルメイクが好み。きれいめな格好のときはリップを濃い色、カジュアルなときは薄い色にと分けています。

髪型

柔らかい雰囲気にしたいときは前髪をおろし、かっこよく見せたいときは前髪をセンター分けにしておでこを出しています。

4

洋服の系統は決めない

ファッションには、カジュアル、きれいめ、コンサバ、モードなど、いろいろな系統があります。自分の系統を知ることを、悪いとは思いません。でも、何の系統が似合うか悩んでいる方には、決めなくてもいいと私は伝えたいです。なぜなら、系統が違うだけで、似合わないとふたをして可能性を狭めてしまうのは、もったいないから。

私はメンズライクな洋服が好きなので、ガーリーやきれいめな格好は似合わないと思ってい

シャツ(DANTON)、オーバーオール(BEAMS BOY)、靴(HARUTA)

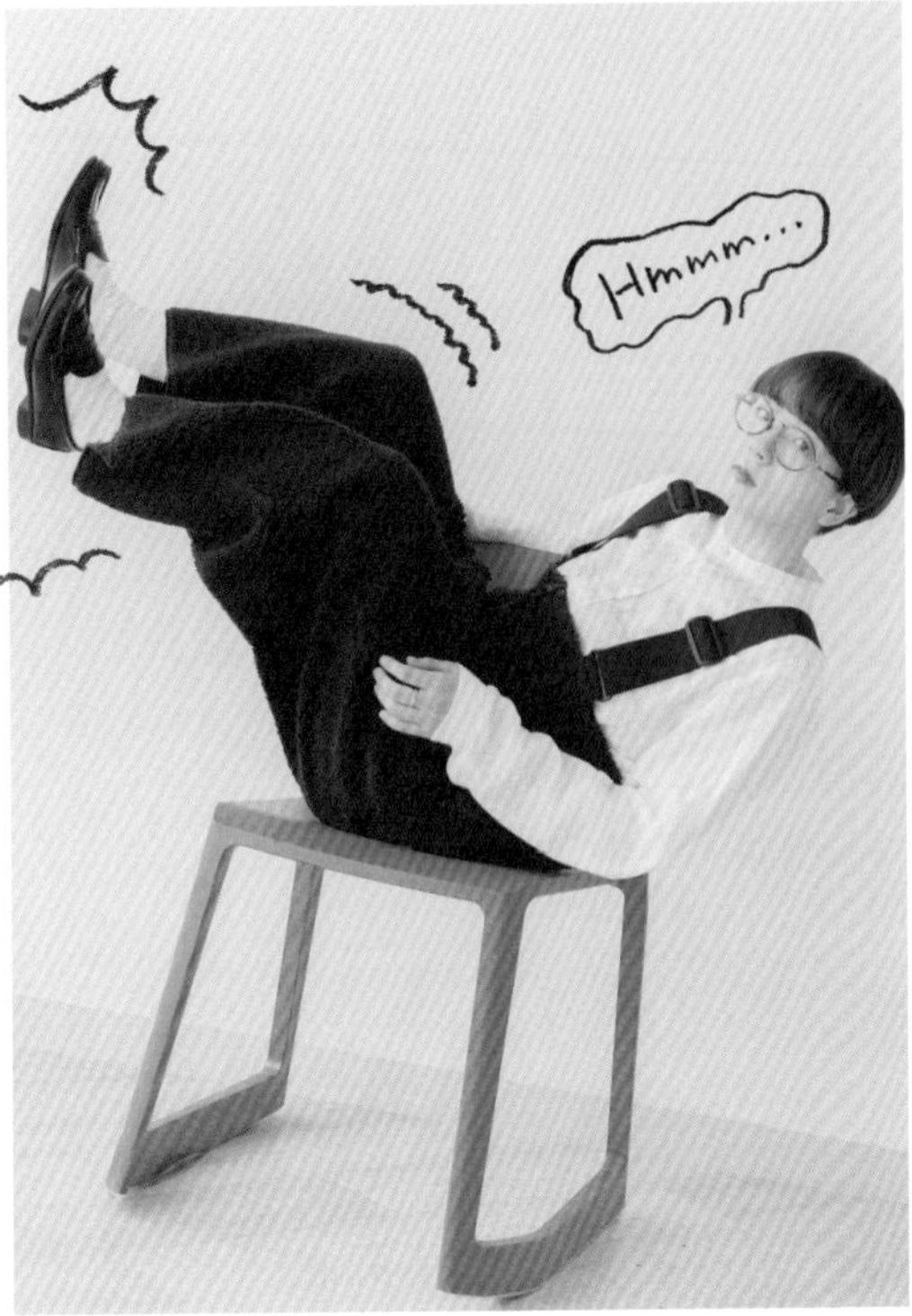

ました。でも、モデルの仕事で自分では選ばない、かわいいワンピースを着る機会があり、考えが変わりました。似合わないと思い込んでいただけで、実際に着ると意外と違和感がなく、しっくりきたのです。それ以来、系統は気にせずにいろんなジャンルの洋服を着るようになりました。最初は違和感があるかもしれませんが、自分が見慣れてないだけ。何度も着るうちになじんできます。ジャンルを融合して独自のコーディネートを作っていると、ありがたいことに「kinoko.の系統だね」「真似してみたい」という声がまわりに増えてきました。

　おしゃれは自由。無理に型にはめず、好きなものを自分流に身につけ、胸を張ってオリジナルのおしゃれを楽しみましょう。

5

自分のことは自分が大事にする

見出しだけ見ると、ファッションとはかけ離れた話のように思われるかもしれません。でもじつは、おしゃれを楽しむことと、自分を大切にすることは、つながっていると感じています。

私は洋服を好きになってから、本当に人生がガラリと変わりました。以前は、買ってきた洋服を鏡の前で合わせると「洋服はかわいいのに、私には似合わないな」と思い、結局、着ないままクローゼットの中で眠らせてしまうことが多々ありました。きっと自分に自信がなかったのでしょう。ファッションやメイクを変え、少しずつ理想の自分に近づいていくと、自己肯定感が上がり、好きな洋服を躊躇《ちゅうちょ》せず着られるようになりました。個人の感覚かもしれませんが、好きな洋服を着ているときは、自分がちょっとだけかわいく見える気がするのです。自分自身と真剣に向き合って、本当に好きな洋服を選ぶ。それだけで、自然と自分を大切にすることにつながっていると思います。

逆に言うと、自分のことをないがしろにしているときは、おしゃれにも関心がわきません。忙しくて時間に追われているときは、自分のことは後回しになって、着るものもメイクも食事も適当に済ませてしまいがちですよね。自分を大切にできていないと、見た目だけでなく、どんどん気持ちも荒《すさ》んで悪循環に陥ります。「自分のことを大切にできるのは自分だけ」。私はいつもこの言葉を肝に銘じています。

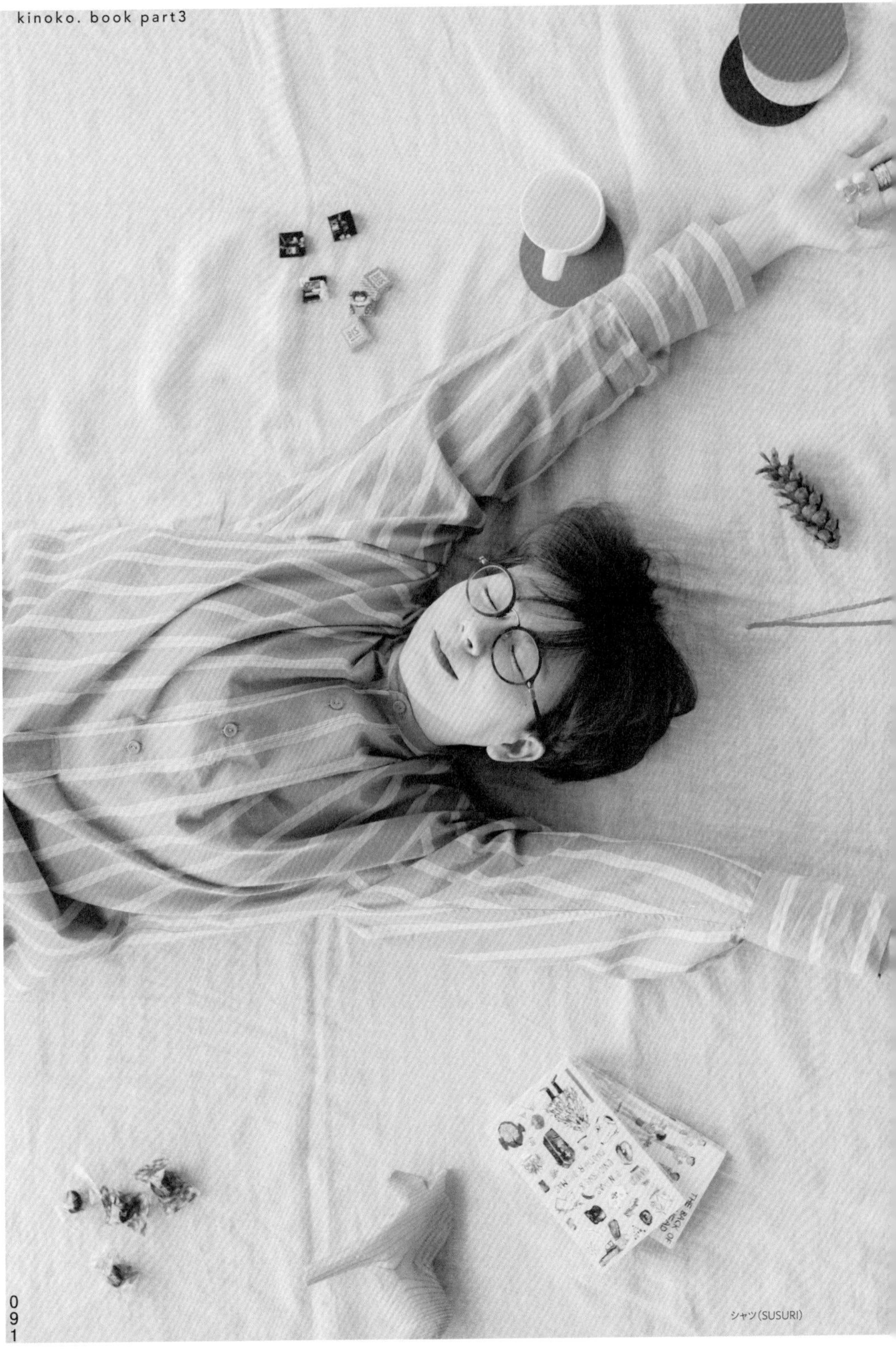

シャツ(SUSURI)

6

買ったものは後悔しない！

買った洋服がしっくりこないとき、今までは「買わなければよかった」と後悔することが多かったのですが、最近ふと、「どうして買ったものに対して後悔をするのか？」と考えるようになりました。

後悔の理由はいろいろあると思います。特に今はネットショップで購入する機会も増えているので、直接手で触れず、試着せずに買うことも。素材が思っていたものと違う、色みが画像と違う、サイズが合わないなど、失敗の原因は挙げたらきりがありません。頑張って働いたお金で買って、楽しみに待っていたのに、全然想像と違うアイテムが届いたら、ショックですよね。

そこで私は、この後悔を逆手にとろうと考えました。もちろん、もともと理想のアイテムではないわけですが、返品ができないと、結局着ないままタンスの奥にしまっておくだけ。それならあえて、そのアイテムをいつものコーディネートに取り入れてみようと思うようにしたのです。モデルの経験を経て、食わず嫌いは自分の可能性を狭めると気がついてから、〝どんな洋服でも否定せずに一度は着てみる精神〟があります。「この洋服を自分の世界観に絶対取り入れて見せる！」と、チャレンジ感覚でコーディネートを考えれば、ファッションの視野も広がり、意外に楽しいものです。

妙なポジティブ思考ですが、そんなふうに考えることで、買ったものが理想と違っても、後悔しないようになりました。

カットソー（無印良品）、オーバーオール（OUTIL）、スリッパ（KEEN）

7

ポジティブな気持ちに切り替える

失敗しても、大丈夫

失敗しない人なんていません。失敗したときは、自分が悪かった点のみを抜き出し、同じ失敗をくり返さないようにしようと反省したら終わり。いつまでもくよくよしていると関係ないことまで思い出して落ち込むので、「今日の自分は昨日の自分ではない」と思い、引きずらず、気持ちを切り替えます。

他人ではなく、過去の自分と比較する

他人の目を気にしてばかりいた私が、この考え方になったのは、ある人のアドバイスのおかげ。

「あなたが思っている以上に、人はあなたのことを気にしていないんだよ。人の人生を生きないで、自分の人生を生きてね」

他人の目ばかり気にして悩んでいると、他人中心の人生になってしまいます。それよりも、昨日の自分、数年前の自分と比べたほうが建設的。過去の自分より成長を感じて前向きになれます。

毎日、朝と夜に自分を褒める

朝起きたら鏡を見て、「かわいいね」、「素敵だね」などと自分を褒めます。言葉に出すのは恥ずかしいですが、続けていると少しずつ自分に自信がついてきます。就寝前は、その日の出来事を振り返り、自分を労います。良いことがない日でも「生きていて偉い」、「一日よく働いた」など些細なことでいいのです。私はこれで自分を許して認められるようになり、少しずつ自己肯定感が向上していきました。

ニット（USED）

8 いいかげんにやる

「いいかげんにやる」とは、〝好《い》い加減〟、適度に力を抜いて、ちょうどいいバランスを自分の中で見つけながら行動するという意味です。

この言葉は大学時代にボランティアリーダーをしていたとき、ずっとお世話になっていた方が教えてくれた言葉です。当時、切羽詰まっていた私を救ってくれ、今では座右の銘となっています。

もともと私は超絶完璧主義者で、どんなことをするにしても、1か100のどちらかに振りきってしまう極端な人間でした。だけど、そんなふうに頑張り続けていると、しんどくなって身も心も疲れてしまいます。この言葉を知ってからは、ほどよく肩の力を抜いた行動を心がけるようになりました。

おしゃれにおいてもそうです。たとえば、TPOに合わせなければいけないときなど、完璧な自分を見せたい、ここぞという場面では100パーセントの力を出しきってコーディネートを考えます。でも、毎日そのモチベーションを維持するのは大変です。

だから、普段は6~7割の力加減でよしとしています。決して手抜きではなく、力を抜いた自然体の自分を見せるイメージです。たとえば、コーディネートでいうと、全体の系統と違うアイテムをあえて持ってきて、抜け感のある、ちょっとゆるい遊びを作るようにしています。

シャツ(DANTON)、オーバーオール(BEAMS BOY)

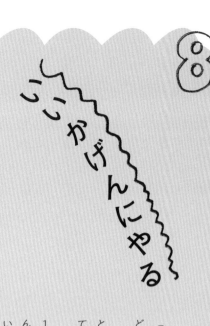

力を出すときは出す、抜くときは抜く。頑張らないといけない勝負のときと、それ以外の日常の差別化を図ることで、自分の中で〝好い加減〟が見つかってきました。

おしゃれだけではなく、仕事や勉強、家事なども、常に１００パーセントの力を出すことはないと思います。

完璧主義者だった頃は、家事も仕事もすべてがうまくいかないと、リズムが狂ったように落ち着きがなくなってしまうことがありました。でも、社会に出て働くようになってから、どこかで力を抜いて自分を解放してあげるほうが良いと気がつきました。

私の場合、仕事や掃除は１００パーセント力を入れていますが、料理は苦手なので自炊は避けています。いつか変わるかもしれませんが、無理なく続けられる方法が一番だと思います。また、仕事中は緊張が続くので、休みの日は全力でぐうたらすることも意識するようにしています。

１００パーセントで生きることも大切だと思いますし、１００パーセントの自分をずっと見せ続けられる人も素敵だと思います。だけど、それができなくて苦しくなってしまう方は、〝好い加減〟で生きていくことをおすすめします。ちょっとは気持ちがラクになるはずです。

4

人生を変えた出会い

幼少期から現在に至るまで、さまざまな出会いがありました。出会いと言っても、人だけではなく、ものや場所など自分に影響を与えたものは、みなさんもきっとあるはず。

私はもともと人間関係を上手に築くことができず、自分の殻に閉じこもっていました。表面的にはコミュニケーションを取れていても、素の自分は見せない。そんな私が好きな洋服に出会い、自分を表現することの楽しさを実感し、徐々に変わることができました。

この章では、私の人生を大きく変えてくれた「洋服」と「人」にスポットをあてました。洋服は、特にお気に入りのアイテムと、愛が強すぎてコレクションが増え続けている偏愛アイテムをご紹介します。そして、これまでの経歴やパーソナルな部分もまとめましたので、私がどんな人間なのか少しでも知っていただけたら嬉しいです。

シャツ(DANTON)、ニットベスト・パンツ(ともにOmat Unelma:)、靴(HARUTA)

お気に入りのアイテム

学生時代から今にかけて
成長する過程で私を支えてくれた、
お気に入りのアイテムたち。
アイデンティティとなったり、
洋服への考え方が変わったり、
人生のターニングポイントになったり、
いろんなきっかけを与えてくれました。

オーバーオール

1着でコーデが決まる
超楽チンアイテム

1枚着るだけで主役になるので、コーディネートに悩まないのが良いところ。カジュアルなイメージになりやすいですが、素材やシルエットによっては上品なきれいめスタイルに持っていくこともできます。このOUTILのオーバーオールは、サイズ感がゆるめで、手ざわりはなめらか。色みも落ち着いていてカジュアルすぎず、どんな服にも合うところがお気に入りです。

オーバーオール(OUTIL)、シャツ(COMOLI)、靴(HARUTA)

M-65

着まわし力抜群！ 初めてのミリタリーに

ミリタリーアイテムを初めて持つならM-65のアウターを推したいです。もともと脱着式のフードとライナー（裏地）がついているのですが、私ははずして使用しています。Aラインのシルエットが美しく、サイズ感もちょうど良い。理想のオーバーサイズシルエットを表現できる優れものです。生地がそんなに厚くないので、重ね着を楽しむことができるのも魅力です。

コート（USED）、シャツ（COMOLI）、パンツ（niko and...）

古着のTシャツ

自分の個性を出せる
最高の1枚！

古着のTシャツは珍しいデザインも多く、コーディネートの幅が広がります。このTシャツは個性的すぎず、好みのサイズ感だったので、迷わず購入！

ベルト

シンプルな服装ほど
つけると印象が激変

メッシュタイプは、好きなサイズに調整できるので便利です。レザー特有の風合いや、長年使うと出てくる味がたまりません。

上_Tシャツ(USED) 下_ベルト(N25)

赤い靴下

足元の赤がコーデのアクセントに！

いつもの服装に少しアクセントを入れたいとき、赤い靴下が活躍します。赤はデニムやチノパンなどの定番アイテムとも相性が良く、靴下なら主張が強すぎないので、取り入れやすくておすすめ。

市松のアクセサリー

作り手の想いがこもった長く使えるデザイン

一つ一つ手打ちで丁寧に作られている作り手の想いと、圧迫感のないシンプルなデザインに魅了されました。色もいくつかの中から選べます。私にとって、お守りのようなアイテムです。

上_靴下（LENO）下_リング・バングル（ともに市松）

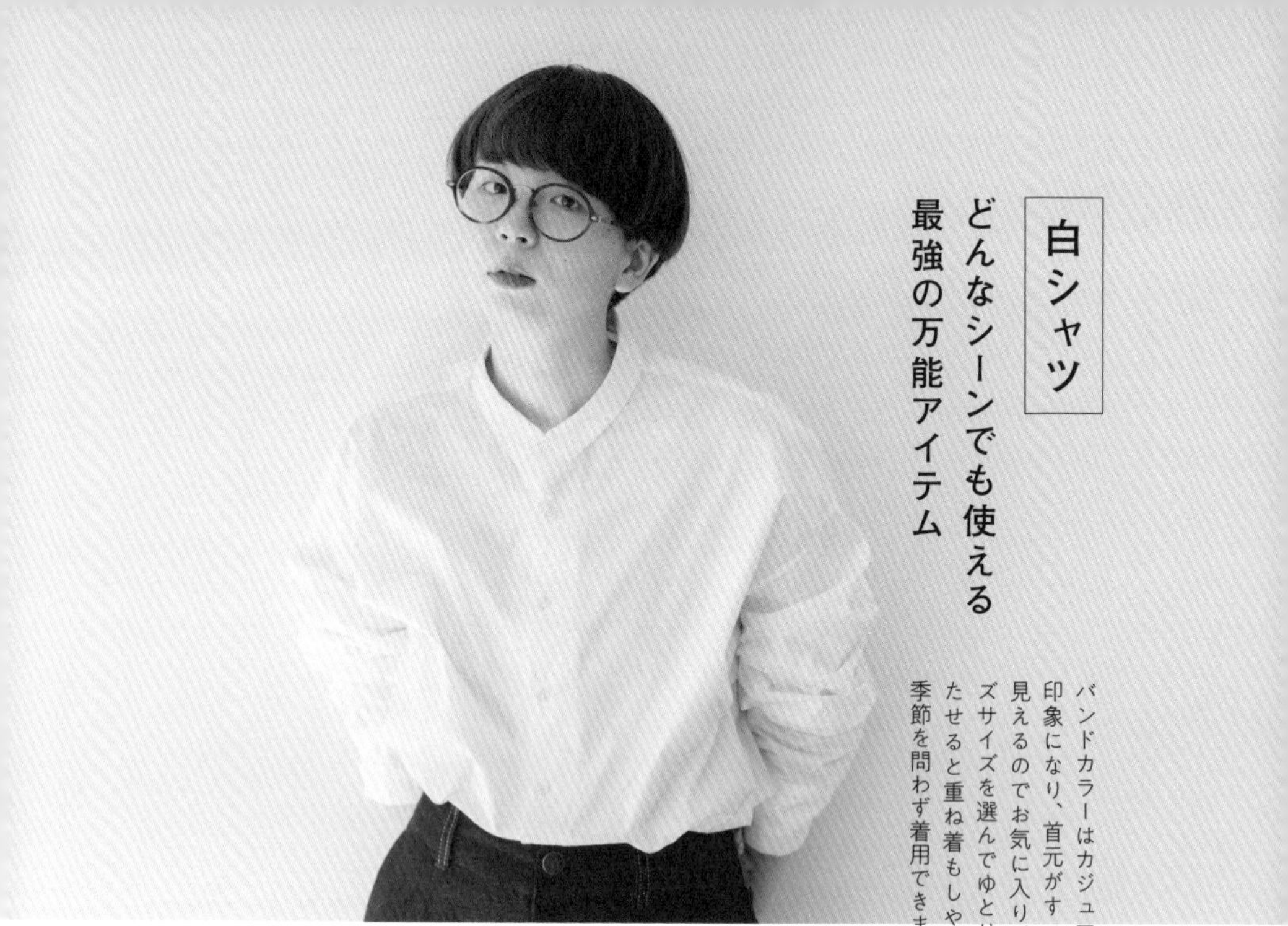

白シャツ

どんなシーンでも使える最強の万能アイテム

バンドカラーはカジュアルな印象になり、首元がすっきり見えるのでお気に入り。メンズサイズを選んでゆとりを持たせると重ね着もしやすく、季節を問わず着用できます。

デニムパンツ

長くはき続けて表情の変化を楽しむ

実は今までデニムはカジュアルすぎて苦手だったのですが、着るたびに体になじむ変化に気づいてから虜に。私は少しだけ硬めのデニムをくたくたになるまではくのが好きです。

上_シャツ(SUSURI) 下_パンツ(ASEEDONCLOUD)

ベレー帽

黒いベレー帽でコーデが引き締まる

帽子はベレー帽をよくかぶります。色はコーディネートの邪魔をせず、引き締め効果もある黒をチョイス。深くかぶったり、斜めにしたり、かぶり方で印象を変えられます。

香水

身にまとう香りもファッションの一部

香水は個性を表現するためのアイテム。私はその日の洋服に合わせて香りを選んでいます。特に好きなのは、天然香料を使った優しい香りがふんわり広がるAUX PARADISの香水。

上_ベレー帽(上からHELLY HANSEN、USED) 下_香水(AUX PARADIS)

財布

経年変化を楽しむ
人生を共にする相棒

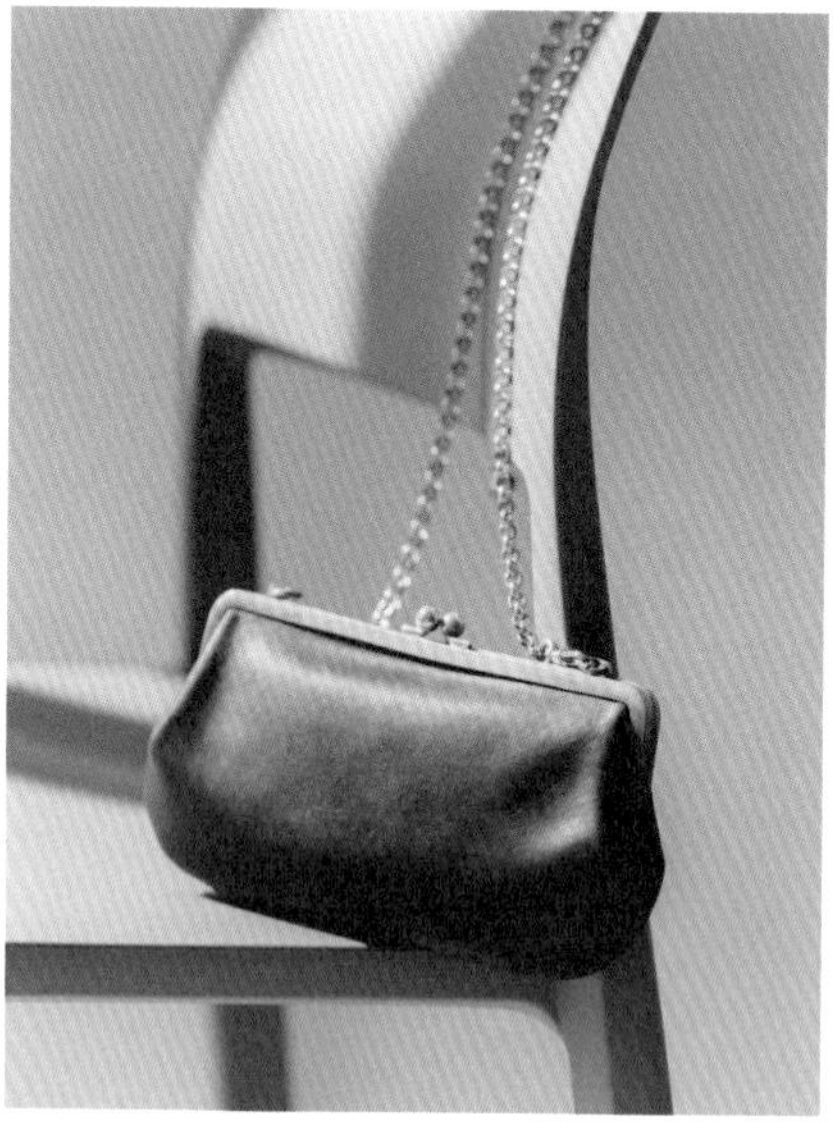

愛用しているN25の財布は、今後も長く使い続けたいと思うアイテム。レザーは使い続けるほどに傷やシワができて味が出てきます。一緒に年齢を重ね、自分の成長を見守ってくれる相棒です。

スニーカー

カジュアルすぎない
シンプルなデザイン

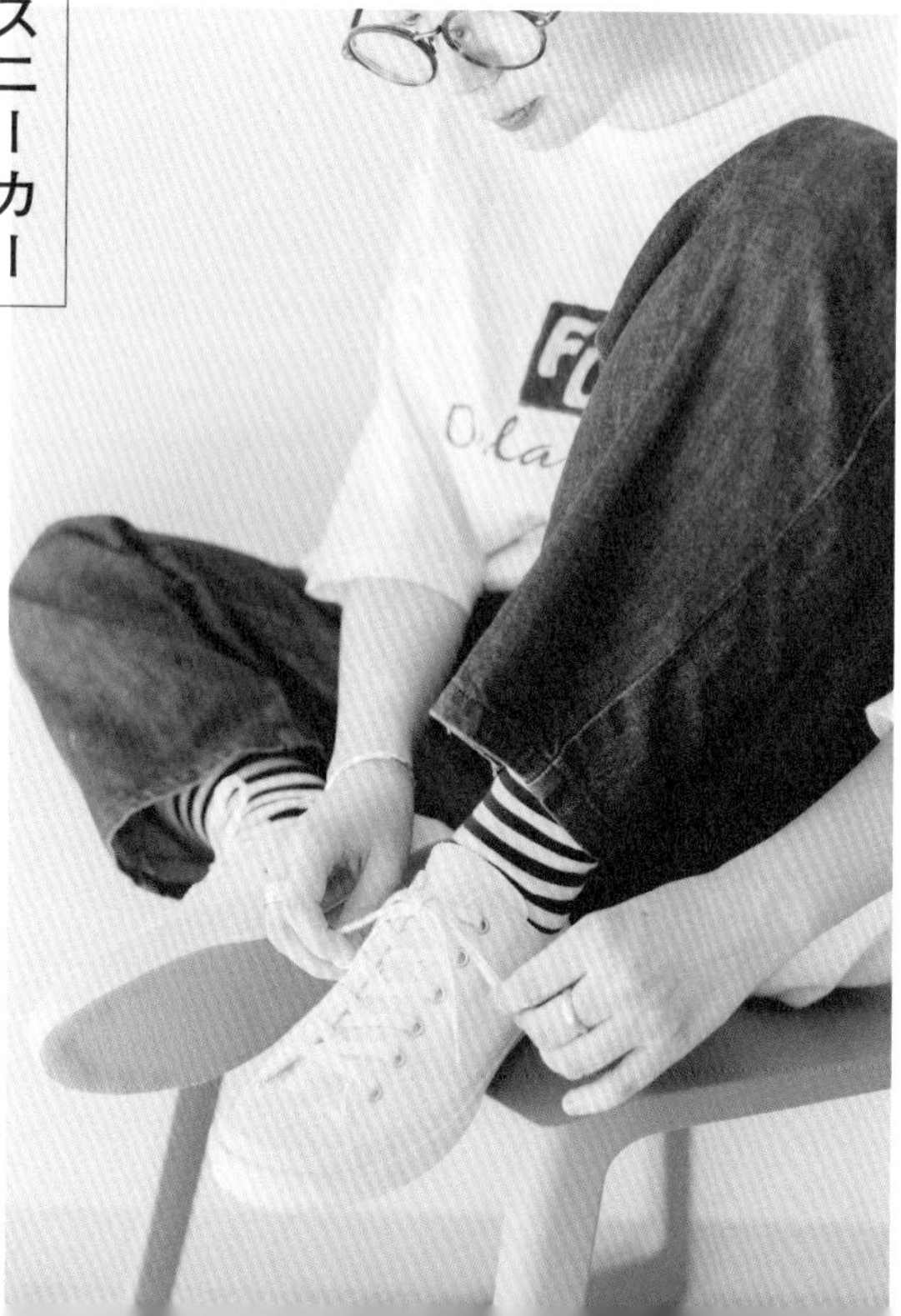

1足ずつ丹精込めて作られているSHOES LIKE POTTERYのスニーカー。丈夫で履き心地も抜群。歩くたびに見える靴底のカラーは、かわいいもの好きにはたまりません。

上_財布(N25) 下_スニーカー(SHOES LIKE POTTERY)

Omat Unelma:について

数年前までは、いつかブランドを立ち上げたいと軽い気持ちで考えていましたが、洋服の勉強をするうちに、中途半端に取り組んではダメだと葛藤が出てきました。でも、尊敬するデザイナーさんと共に洋服が作れるというお話をいただき、挑戦しようと決心。2020年秋冬から「Omat Unelma:（オマットウネルマ）」というユニセックスブランドを立ち上げました。

「Omat Unelma:」とはフィンランド語で「自分自身の夢」。この洋服を手にとってくださる方の夢に、そっと寄り添えたらという想いを込めました。

一見シンプルでベーシックなアイテムですが、ちょっとしたこだわりを詰め込み、長く使えて「ゆるくキマる」洋服を生み出せたらと思っています。

パーカー・オーバーオール(ともにOmat Unelma:)、靴(HARUTA)

kinoko.へ75の質問！

1生年月日は？

1994年2月10日

2血液型は？

AB型

3趣味は？

服探し、耳コピ、音楽漁り、アニメや漫画鑑賞

4得意なスポーツは？

水泳

5出身地は？

大阪府

6身長は何cm？

157cm

7好きな色は？

くすみカラー、濃いネイビー、赤系統

8好きな食べ物は？

素麺、刺身、居酒屋のアテ全般

9嫌いな食べ物は？

納豆、ネバネバどろどろしたもの、マヨネーズ

10初めて行った外国は？

韓国

11好きな動物は？

犬

12足のサイズは？

23cm

13好きな天気は？

晴天、どしゃぶりの雨の日

14初恋はいつ？

幼稚園

15好きな芸能人は？

阿部サダヲ

16今一番行きたい所は？

温泉

17好きな映画は？

「I am Sam」


18長所は？

探究心がある

19短所は？

神経質

20チャームポイントは？

メガネ

21得意科目は？

音楽、体育（水泳）

22好きな音楽は？

椎名林檎、フジファブリック、Admiral C4Cなどのエレクトロニカや Lo-fi Hip Hopなど

23何時に起きる？

日によりますが、午前6～8時の間

24何時に寝る？

早ければ21時、遅いと午前2時

25ペットの名前は？

稲穂

26子供の頃の夢は？

小学校の教師

27山と海、どちら派？

海

28経験したアルバイトは何？

アパレル関連、小学校のTTや学童の放課後支援、スイミングのコーチ、キャンプリーダー

29癖は？

顎の肉を伸ばしてしまう

30カラオケの十八番は？
HYの「NAO」

31最も高価な買い物は？

カメラ

32好きな漫画は？

『僕のヒーローアカデミア』『青の祓魔師』『ONE PIECE』


33好きな雑誌は？

『FUDGE』『CLUÉL』『2nd』『Lightning』『LaLa Begin』


34好きな小説は？

乙一さんの『ZOO』

35家族構成は？

母、父、妹、私の4人家族

36今までで一番怒った経験は？

大切な人を馬鹿にされたとき

37今の悩みは？

言いたいことが言えない

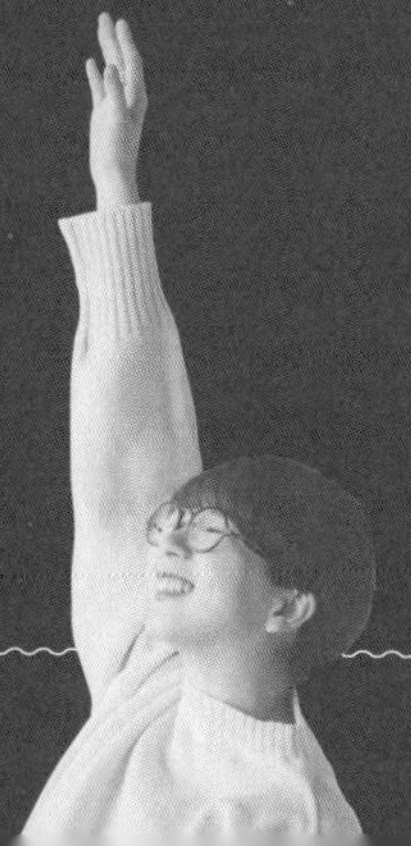

38 コンプレックスは？
右の顔

39 kinoko.の名前の由来は？
髪型

40 アウトドア派 or インドア派？
インドア

41 好きなお菓子は？
綿菓子、ラムネ、和菓子

42 宝くじが当たったら何に使う？
貯金（月々の洋服を買うお金は爆上がりすると思います）、実家のリフォーム

43 今、欲しいものは？
新しいカメラとパソコン

44 ストレス発散方法は？
推しを見る

45 ポジティブ or ネガティブ？
ネガティブ

46 好きな柄は？
チェック柄

47 好きな乗り物は？
電動自転車

48 好きなジブリ作品は？
「魔女の宅急便」

49 好きなお笑い芸人は？
流れ星☆ちゅうえい

50 推しユーチューバーは誰？
にたまご、あさぎーにょ、雨穴

51 好きな花は？
金木犀

52 座右の銘は？
好い加減に生きる

53 好きな言葉は？
ありがとう

54 好きな漢字は？
夢

55 今後挑戦したいことは？
教育関係の方と一緒に仕事をする

56 10年後、何している？
自分がやりたいことをさらに実現している

57 好きな飲み物は？
チャイ

58 好きな香りは？
清潔感のある香り、古着屋さん独特の香り

59 自慢は？
相対音感があること

60 今まで見た中で一番感動した景色は？
曽爾《そに》高原（奈良県）

61 毎日のケアで気をつけていることは？
髪の毛

62 誰に似てる？
のび太、木村カエラさんとよく言っていただきます

63 苦手なことは？
集団行動

64 人生で初めて買った漫画は？
『銀魂』

65 どんな習い事をしていた？
水泳

66 夏祭りで必ず購入するものは？
綿菓子

67 遊園地で一番好きな乗り物は？
観覧車

68 好きな声優は？
岡本信彦さん、諏訪部順一さん、松岡禎丞さん、中村悠一さん、杉田智和さん

69 好きな靴は？
ローファー

70 美容室はどのくらいの頻度で行く？
月1くらい

71 どんな人に魅力を感じる？
自分にないものを持っている人

72 今までで一番緊張した瞬間は？
修士論文の発表

73 理想の休日の過ごし方は？
やることを全部終わらせ、ひたすらだらける

74 部屋を探すときの優先順位は？
日当たり

75 落ち込んだときに立ち直る方法は？
号泣し、とことん自分を追い詰めて号泣し、そのあと切り替えます

人生を変えた偏愛アイテム

1 オーバーオール

初めてオーバーオールを買ったのは高校生の頃。フリマアプリに出品されていたLEEのデニムのオーバーオールに一目惚れして思わず購入。実際に着てみると、1着でコーディネートが完成する便利さ、シルエットのかわいさに魅了されました。

その後、初めて行った古着屋で、ヨーロッパのワークウエアやオーバーオールに出会い、熱が加速します。少し紫がかった色に染められた素材やパーツのかわいさにときめき、2着購入。以来、オーバーオールに夢中になり、集め続けて約10年。デニムをはじめ、ウールやシルク、リネンの混合生地などさまざまな素材のオーバーオールが数えきれないほど家中に溢れています。素材や色みを変えれば子どもっぽくならず、いろんなスタイルが楽しめます。何歳になっても着続けたいアイテムです。

服を好きになった、きっかけの一着

オーバーオール(USED)、シャツ(DANTON)、靴(HARUTA)

2

メガネ

メガネをかけはじめたのは高校生の頃。きっかけは単純に視力が悪くなったからですが、自分の顔に自信がなかったというのも理由の一つです。メガネをかけることで、少しだけ強くなれたような気がします。

最初はデザインにまったくこだわりはなかったのですが、少し個性的なメガネが欲しくなって4～5年前に「眼鏡市場」で購入したのが、現在つけている丸メガネ。顔のバランスと肌の色との相性を考えてべっ甲柄を選びました。このメガネをかけはじめてから、ファッションの幅が広がり、こんなにも印象を変えてくれるのかと驚きました。

「Yin Year」の黒縁メガネはシンプルでメンズライクな服を着るときに使用。縁がはっきりしているので主役級のアクセントになります。ベージュの縁のメガネは「BJ CLASSIC COLLECTION」。淡いカラーや少し透け感のある服を着るときに使います。

メガネ愛の強い私ですが、しっくりくるものに出会えず、この3種はリピートしています。

自分を確立してくれたアイテム

メガネ（上から順に、Yin Year、BJ CLASSIC COLLECTION、眼鏡市場）

3

白シャツ

私は白シャツを現在、20枚以上持っています。集めはじめたきっかけは何だったのか思い出すことができません。ですが、おしゃれに興味がなかった高校生の頃は、黒い洋服ばかりを着ていたことを考えると、きっと何か私の中で内面の変化があったから、手にとったのだと思います。

白シャツは、どんな洋服にも合わせられるので、1枚あれば着まわししやすい万能アイテムです。素材やシルエット、襟のデザインなど、ちょっとした違いで印象がガラリと変わります。私はその日の気分や行く場所によって、白シャツを使い分けています。たとえば、すっきり見せたいコーデのときは襟が小さめ、またはバンドカラーをチョイス。かっちりしたコーデのときは張り感のある生地、夏場の暑い日はリネンなどの通気性の良い素材を選びます。

「そんなに同じものをたくさん持っていてどうするの？」と言われたこともありますが、私には同じに見えないのです。1枚1枚に個性があるから、ついまた欲しくなってしまいます。

自分に変化をもたらす基本のアイテム

シャツ(DANTON)、パンツ(MORRIS & SONS)

私のターニングポイント

幼少の頃から現在に至るまで、振り返ってみるとさまざまな出会いによって人生が変わり、今の私があります。

自己主張が強かった幼少期 教師になる夢を抱く

小さい頃は、とにかくおてんばで、わがままな子でした。幼稚園で集団行動をしなくてはいけない場面でも、一人で別のことをしていたので、先生を困らせていたのではないかと思います。小学校、中学校と上がっていくにつれ、より自己主張が強くなっていきます。大半は自分に原因があるのですが、人間関係がうまく築けず、学校に行けない時期もありました。表面上では人と関わることができても、深く踏み込むのが苦手で、嫌われるのではないかと常に不安がっていた気がします。きっと一人になるのが怖かったのですね。

そんな中での大きな出会いは、学校に行けなかった私を助けてくれた小学4年生のときの先生。その人のようになりたくて、私は小学校の教師を目指そうと決めました。

1着で人生が激変！ ファッションに目覚める

高校を卒業する直前に、友人に誘われて「Né-net」*というブランドのお店に連れて行ってもらいました。かわいいだけでなく、ユーモアに溢れ、体のシルエットがきれいに見えるデザインに一瞬で虜になりました。

それまでの私は、洋服は着ることができれば十分だろうという考えで、まったくこだわりを持っていませんでした。選ぶ色は黒やネイビーばかり。とにかく目立つことを恐れ、地味な洋服を着て、下を向いて歩いてきた人生でした。

しかし「Né-net」に出会い、初めて自ら白いアイテムを手にしたのです。1万円以上する洋

服を買ったのも初の経験でした。洋服ってこんなにウキウキするアイテムなんだと気づき、それ以来、インターネットでいろんなブランドを調べるように。「Né-net」は、私がファッションに興味を持つきっかけを与えてくれたブランドなのです。

左が中学3年生、右が高校3年生の私。ファッションは地味で、前髪を自分で切っていたほど髪型にも無頓着。高校で視力が悪くなり、メガネをかけはじめますが、今のような個性的なデザインではありません。

サロンモデルでヘアメイクの楽しさを知る

大学に入ってから、Facebookを通じて美容学校の学生さんからブライダルのモデルをしてくれないかとお誘いがありました。撮影モデルなんて未経験なので戸惑いましたが、友人のプッシュもあり、引き受けることに。初体験で緊張の嵐でしたが、鏡に映った自分がまるで別人のようで、ヘアメイクでこんなに人は変われるのかと衝撃を受けました。

その学校の講師の方が美容師をしていて、ありがたいことに、サロンモデルにもお誘いいただきました。そのご縁で他の美容室でもサロンモデルをするようになり、撮影でショートヘアと人生初のブリーチを体験します。髪型で人の印象が大きく変わると気づき、ヘアメイクの楽しさを知りました。最初は慣れない髪型に違和感しかありませんでしたが、徐々にショートヘアのモデルの依頼が増え、今では私のトレードマークになっています。

古着に魅了されてショップ店員に

古着との出会いは大学生の頃。偶然Twitterで、大阪にある「lucent」*という古着屋を見つけます。調べるとヨーロッパ古着が中心で、ワークテイストのものが多数あり、海外の男の子のようなスタイルが大好きだった私にはドンピシャ。早速店舗へ行ってみると、今まで見たことのない自分好みの洋服が

＊Né-netは休止、lucentは閉店しています（2021年9月現在）。

ずらりと並び、大興奮！　すっかり古着に夢中になり、何度か足を運ぶうちに「ここで働きたい！」という気持ちが募ります。求人募集していなかったのにお店に連絡すると、幸運にも働かせてもらえることになりました。

その頃「e-zakkamania stores」というお店からSNSで声をかけていただき、初めての洋服モデルも経験。似合わないと思っていたガーリーやきれいめな洋服も、着ると新しい発見があり、ファッションに対しての視野が広がりました。その後、もっと洋服のことを勉強したくなって「e-zakkamania stores」が扱うブランド「zootie」でもアルバイトをはじめます。「lucent」とともに私のファッションの基盤となりました。

挫折を経験 ファッションが救いに

少しずつファッションに興味を持ちながらも、大学では小学

校の教師になるべく、日々勉強に励んでいました。アルバイトもファッション以外に、スイミングのコーチや学童指導員など、子どもに関わる教育関係の仕事もしていました。

大学3年生の夏、念願の教育実習がありましたが、初めて大きな挫折を味わいます。実習場所の小学校は楽しく、恵まれた環境だったのですが、自分の精神的な弱さに気づいて理想がすべて崩れ落ちてしまい、もう教師になるべきではないと一方的に感じてしまいました。周囲の友人はやりたいことを見つけている中、私は将来、何をすればいいのかわからない状態に。時間が経てば考え方が変わると思い、採用試験の面接練習や勉強会などにできる限り参加するようにしていましたが、大学4年生になっても小学校の教師にはやはり向いていないと感じていました。結局、小学校の教員採用試験は受けたものの落ちてしまい、先生と相談した結果、大学院に入ることにしました。2年間、必死に勉強し、自分の強みを見つけてから、もう一度小学校の教師を目指そうと思ったのです。

しかし、大学院でもうまくいかず、自分が本当は何をしたいのかわからなくて途方に暮れ、ついに体を壊してしまいました。涙が止まらなくなり、学校に近づくにつれて腹痛がひどくなり、呼吸がしにくくなるのです。前に進みたくても体が拒否する本当に辛い時期でした。

ボロボロになっていたとき、唯一救いだったのが、ファッションでした。大学院に在学中もサロンモデルは続けており、撮影をしているときだけは、ありのままの自分を表現することができたのです。大学院に入ってから、アルバイトは教育関係ではなく、ファッション関連に変更していたため、アルバイト中はとても幸せな時間でした。

休学して東京へ
好きなことで生きていく

大学院に在学中、今のマネー

ジャーに出会い、事務所に所属してSNSでの活動を本格的にスタートすることに。SNSの私は面白いくらい素の自分でいられました。その反面、大学院では、修士論文を書き上げたい気持ちはあるのに、体が拒否反応を起こしてしまう日々が続き、休学することになりました。

　しかし2年間の休学中に、1つの夢を見つけます。それは「好きなことで生きていく」という選択や「行動する勇気」を子どもたちに伝えること——。現在、やっとYouTuberやインフルエンサーが職業として認められるようになってきました。SNSで活躍する人は一握りですが、こんな私でも頑張れば成功することを、伝えられるのではないかと思ったのです。

　タイミングよくマネージャーから東京に来ないかと誘いを受け、休学中でしたが、東京に拠点を移して夢を叶えようと、上京を決意。ありがたいことに仕事や人に恵まれ、自分がやりたかったことを実現できるようになりました。上京して1年半が経ち、大学院は退学を考えていましたが、クリエーターとして活動しながらも、自分の関心は教育にあり、気づけば修士論文の文献をあさっていました。やはり最後までやり遂げて後悔を残したくないと思い、復学することを決意。先生方の支えもあり修士論文を書き上げ、2020年3月、無事に修了することができました。

私の人生は、半分以上甘えでしかありませんが、自分の基盤はやはり教育だと思えるくらい、子どもたちや教育現場のことを長い時間考えていました。夢を叶えたいという気持ちが強くあったからこそ、行動する勇気が持てました。今はクリエーターになって本当によかったと、胸を張って子どもたちに伝えられます。

YouTubeの動画づくり

もともとインスタグラムはやっていましたが、
動画はまったく未知の世界。
あるときインスタライブをしたら
「喋るとそんな感じなんですね」という
コメントをいただき、
写真と動画でイメージが違うのかと驚きました。
YouTubeをはじめたのは、
マネージャーに勧められたのが
きっかけでしたが、
やろうと思った理由は、
私の人間性を知ってもらえて、
私を変えてくれたファッションの魅力を
自分の言葉で伝えたかったからです。
少しでも動画を見てくれた人の
前に進む力になれたらいいなと思っています。

動画のつくり方

1 企画の軸を考える

・プチプラ、古着、国内ブランドなどのアイテム紹介
・古着屋、セレクトショップなどのお店紹介
・メイク、お出かけ準備（GRWM）、ルーティンなどの自分が主軸になるテーマ
・1週間のコーディネートなど、着まわし紹介
・アウターや靴などの季節もののアイテム紹介
・ファッションについての考え方

2 準備

企画に合う洋服（自前を中心に）を用意し、
撮影前に話す内容を頭の中で
組み立てておきます。

3 撮影

1人で撮影することが多いので、三脚は必須。
画質がきれいな一眼レフのデジカメを使用。

4 編集

長時間、画面に向かうので、
疲れないように専用の台を机に置き、
パソコンの高さを上げて作業をします。

kinoko. の人生を変えたお店

ファッション、ヘアメイクと、私の人生の分岐点に関わった、今までお世話になってきたお店を紹介します。おしゃれが好きになる、そして、人が好きになる場所です。

美容室

1
HIKARIS（大阪）
https://hikaris1930.com

初めてサロンモデルをした美容室。ヘアメイクの楽しさに目覚め、クリエーターの世界に入ろうと思ったきっかけの場所でもあります。

2
AR hair（大阪）
https://www.ar-hair.com

撮影でお世話になりました。ナチュラルから個性的なスタイリングまで、アットホームな雰囲気で丁寧なカウンセリングをしてくれます。

3
Labyrinth（大阪）
https://labyrinth-hair.com

大阪でずっと通っていた美容室。とても丁寧なカウンセリングで、なりたい髪型に必ずしてくれます。ナチュラルなスタイリングが好きな方にぜひおすすめしたいです。

4
anjii（大阪）
http://anjii.jp

アットホームで楽しい、私の地元にある美容室。ナチュラルから、少しエッジが効いたスタイルまですべて要望を叶えてくれます。

5
Dot＋LIM（東京）
https://www.lessismore.co.jp

上京する前から東京に来るたびお世話になり、今でも通い続けている美容室。今の自分を作り上げてくれたと言ってもいいくらい。カットだけでスタイリングが楽チンになりました。

洋服店

1

BELLURIA（群馬・神奈川）

http://belluria.net

私のファッションの大半を作り上げているセレクトショップ。洋服熱が高まり、ブランドの裏側や作り手のことを心から勉強したいと感じるようになった場所でもあります。お店の方も温かく、勝手ながら心の居場所だと思っています。

2

Orfeo（東京）

@orfeokichijoji

上京してから一番大好きな古着屋。上品な古着が多く、セレクトされているアイテムがすべてドンピシャ。店長さんも素敵な方で、わからないことを丁寧に教えてくれます。

3

detour-yorimichi-（東京）

@detour_yorimichi

上京前からお世話になっている古着とブランドのセレクトショップ。引っ込み思案でなかなか東京に慣れなかった頃から良くしていただきました。店長さん含め、お店の方も本当に素敵。新しく買い足したメガネは、こちらのお店で購入しました。

4

ACORN Buy&Sell Vintage（大阪）

https://acorn-vtg.com

古着が好きになったのは、姉妹店だったlucentがきっかけでしたが、古着や洋服全般について教えていただいた思い出深いお店。今の自分があるのは、このお店のおかげです。店長さん含めスタッフのみなさんもとてもやさしく、人生の起点になった場所です。

おわりに

最後までお読みいただき、本当にありがとうございました。

この本は、ファッションやおしゃれについての話をしていますが、正直なところ、おしゃれの価値観は人それぞれであり、ファッションは自由な世界だと考えています。だから、この本で紹介している内容が、すべて正解ではありません。もし、何か気になるものや、心に残るもの、またみなさんの中で何か感じるものがありましたら嬉しいです。頭の隅っこでも良いので、参考にしていただきながら、みなさんが自分流のおしゃれを楽しんでもらえたらと思っております。

私はおしゃれに興味を持ったことから、kinoko.としての人生がはじまり、今があります。好きな仕事をして好きなように生きるのは、誰にでもできることじゃないと考える方もいると思いますが、私は行動すれば叶えられると強く信じています。

何か行動することに躊躇されている方、好きなことをしたくても勇気が出ず、踏み出せない方、前に進むことができず立ち止まっている方。そんな方々にとって、この一冊が、一歩前に踏み出すきっかけになれたら幸いです。

私の考え方は自分一人のものではなく、これまで関わってくれて、支えてくれた方々の影響を受けて生まれたものです。

みなさんの存在があってこそ、書けた本だと思っています。

これまで日々応援してくださっているみなさん、辛いとき、支えになってくれる友人や家族、現在の活動のきっかけでもあるマネージャーや美容師さん、ブランド及びファッション関係のみなさん、常に見守ってくださった先生方、そして仕事関係者すべての方に深く感謝申し上げます。今のkinoko.が存在することができているのは、本当に本当に、みなさんのおかげです。

これからも、よろしくお願いいたします。

kinoko.

P.70 メイク道具（写真上）
上段右から、ジンジャー アイシャドウパレット9A03 サファリブラウン（SHIRO）、UVイデア XL、プロテクションBB、プロテクショントーンアップ ローズ、プロテクショントーンアップ（LA ROCHE POSAY）、ミネラルインナートリートメントベース（ETVOS）、ALLE カラーチューニングUV PU パープルカラー（カネボウ化粧品）、スキンケアパウダー（IPSA）
中段右から、COFFRET D'OR 3Dトランスカラー アイ&フェイス サンライズ（カネボウ化粧品）、gemini eye palette ep-01 ベーシックブラウン（la peau de gem）、ミネラルペンシルアイライナー ダークブラウン、ミネラルカラーリングアイブロウ ココアブラウン（ETVOS）、アイラッシュカーラー（資生堂）、KATE デザイニングアイブロウ3D（カネボウ化粧品）、ミネラルプレストチーク シナモンベージュ、ミネラルグロウスキンクッション ナチュラル（ETVOS）
下段右から、ディグニファイド リップス 09（Celvoke）、ジンジャーリップスティックグロウ0102メタリックカッパー（SHIRO）、リベレイティッド マット リップス（Celvoke）、gemini lip stick　l-104 アンバー、(tint) lt-01 オレンジブラウン、(tint) lt-03 アプリコット、l-101 シアーブラウン、(tint) lt-05 ピンクベージュ（la peau de gem）、マジックハンドクリーム（ゼリア新薬）、ミネラルコンシーラーパレット、パウダーブラシ、フェイスカブキブラシ、アイライナーブラシ（ETVOS）

staff

デザイン	中村 妙（文京図案室）
写真	川原崎宣喜
校閲	円水社
DTP	三協美術
ヘアメイク	宗 悠介（Dot+LIM） ＊著者がヘアメイクした写真も併せて掲載
編集協力	矢澤純子

P.11,27 撮影協力　OPERA KIYOSUMISHIRAKAWA

kinoko.《きのこ》
大阪府出身。身長157㎝。SNSなどで活躍しているファッション系クリエーター。大学・大学院で保育士、幼稚園・小学校教諭の専修免許取得。定番アイテムをおしゃれに着こなすセンスに定評があり、多くのアパレルブランドとコラボアイテムを発表。2020年に自身のブランド「Omat Unelma:」(フィンランド語で「自分自身の夢」)を立ち上げ、注目が集まっている。

YouTube　kinokoさん
Instagram　@kinoooooooko3
Twitter　@kinoooooooko3

好きな服だけで、おしゃれにみせる

2021年10月4日　第1刷発行

著者　kinoko.《きのこ》
発行者　千葉 均
編集　櫻岡美佳
発行所　株式会社ポプラ社
〒102-8519
東京都千代田区麹町4-2-6
住友不動産麹町ファーストビル
一般書ホームページ　www.webasta.jp

印刷・製本　図書印刷株式会社

ISBN978-4-591-17112-7 N.D.C.593 127P 21cm Printed in Japan

＊本書の内容は2021年9月現在の情報です。
＊掲載アイテムはすべて著者の私物です。
現在、販売されていないもの、購入できないものなどもありますので、店舗への直接のお問い合わせはご遠慮ください。

P8008349